QUER SER FELIZ?

JOAN DUNCAN OLIVER

QUER SER FELIZ?
DICAS ESSENCIAIS PARA MUDAR A SUA VIDA

Tradução
ANÍBAL MARI

Editora CULTRIX
São Paulo

Título original: *Happiness – How to find it and keep it.*

Copyright © 2005 Duncan Baird Publishers.

Copyright do texto © 2005 Joan Duncan Oliver.

Arte final da edição em inglês © 2005 Duncan Baird Publishers.

Todos os direitos reservados. Nenhuma parte deste livro pode ser reproduzida ou usada de qualquer forma ou por qualquer meio, eletrônico ou mecânico, inclusive fotocópias, gravações ou sistema de armazenamento em banco de dados, sem permissão por escrito, exceto nos casos de trechos curtos citados em resenhas críticas ou artigos de revistas.

A Editora Pensamento-Cultrix Ltda. não se responsabiliza por eventuais mudanças ocorridas nos endereços convencionais ou eletrônicos citados neste livro.

Dados Internacionais de Catalogação na Publicação (CIP)
(Câmara Brasileira do Livro, SP, Brasil)

Oliver, Joan Duncan
    Quer ser feliz? : dicas essenciais para mudar a sua vida / Joan Duncan Oliver ; tradução Aníbal Mari. — São Paulo : Cultrix, 2006.

    Título original: Happiness : how to find it and keep it
    ISBN 85-316-0948-8

    1. Afeto (Psicologia) 2. Autoconhecimento — Teoria 3. Felicidade 4. Realização pessoal 5. Relações interpessoais I. Título.

06-5573   CDD-158

Índices para catálogo sistemático:
1. Felicidade : Psicologia aplicada 158

O primeiro número à esquerda indica a edição, ou reedição, desta obra. A primeira dezena
à direita indica o ano em que esta edição, ou reedição, foi publicada.

Edição	Ano
1-2-3-4-5-6-7-8-9-10-11	06-07-08-09-10-11-12

Direitos de tradução para o Brasil
adquiridos com exclusividade pela
EDITORA PENSAMENTO-CULTRIX LTDA.
Rua Dr. Mário Vicente, 368 — 04270-000 — São Paulo, SP
Fone: 6166-9000 — Fax: 6166-9008
E-mail: pensamento@cultrix.com.br
http://www.pensamento-cultrix.com.br
que se reserva a propriedade literária desta tradução.

Sumário

Introdução
9

Emoções
COMO NOS SENTIMOS
Como sentimentos positivos podem
mudar a sua vida
17

Bondade
UM CORAÇÃO AFETUOSO
Como cultivar a compaixão
25

Incerteza
SAUDANDO O DESCONHECIDO
Como se alegrar com
resultados imprevisíveis
33

Criatividade
AUTO-EXPRESSÃO
Como estimular o artista que
há dentro de você
41

Propósito
QUAL É O PROPÓSITO
DA MINHA VIDA?
Como fazer o que importa
51

Outras pessoas
CONSTRUIR RELAÇÕES
Como cultivar os amigos e a família
59

Tempo
A CAVERNA E O BOLSO
Como encontrar um ponto de equilíbrio
entre passado, presente e futuro
67

Aceitação
A SABEDORIA DOS LIMITES
Como ser feliz com o que existe
73

Valores
VIVA A SUA VERDADE
Como encontrar a sua bússola moral
79

Abundância
A VERDADEIRA RIQUEZA
Quanto é suficiente?
87

Beleza
A CONEXÃO COM O PRAZER
Como despertar os sentidos
95

Amor
FAÇA-O DURAR
Como ter um relacionamento feliz
103

Riso
O PODER DO HUMOR
Como viver com alegria
111

Sucesso
FAÇA COMO QUISER
Como ser um realizador feliz
119

Fé
RECORRA À FONTE
Como usar a força sagrada
127

Serenidade
MANTENHA A PAZ
Como encontrar a serenidade e o silêncio
no seu íntimo
135

Saúde
CURA INTEGRAL DA PESSOA
Como a felicidade influencia o bem-estar
e vice-versa
141

Natureza
AS MARAVILHAS DA NATUREZA
Como os infinitos mistérios da Terra
encantam
149

Memória
LEMBRANÇAS VITAIS
Como criar lembranças felizes de agora
em diante
157

Escolha
OPÇÕES FAVORÁVEIS
Como tomar decisões sábias
165

Leituras adicionais
173

Créditos
175

Introdução

O líder de um grupo de dança, que morreu recentemente aos 97 anos, gostava de dizer às pessoas que ele estava "no ramo da felicidade". Em certo sentido, não estamos todos nós? Todo mundo quer ser feliz, como costuma salientar o Dalai Lama. No nosso mundo turbulento, talvez seja este o único ponto em que todos nós concordamos. Mas, quando se trata de perguntar *O que é a felicidade?*, é provável que existam seis bilhões de respostas diferentes — uma para cada pessoa na Terra. Se formos observadores, podemos saber quando outras pessoas são felizes: o "sorriso de Duchenne", produzido pelas contrações involuntárias dos músculos em torno dos olhos e da boca, é um indício universal, ainda que sutil, reconhecido tanto por um membro de uma tribo de Papua Nova Guiné quanto por um parlamentar britânico.

O que em geral *não sabemos* dizer é por que alguém está feliz. Na metade do tempo, nem sequer sabemos dizer o porquê para nós mesmos. O direito de procurar a felicidade é uma oportunidade maravilhosa, mas isso não nos leva automaticamente para mais perto de uma resposta. Esta pode ser o trabalho de toda uma existência.

De fato, há milhares de anos, filósofos têm argumentado que encontrar a felicidade é o objetivo da vida. Os gregos achavam que ela era o nosso mais elevado dever moral. Séculos depois, os utilitários disseram que era nosso dever assegurar que todas as outras pessoas fossem felizes também. Líderes espirituais têm opiniões diferentes sobre a felicidade: A Igreja cristã nunca decidiu inteiramente se ela é estritamente uma recompensa da vida no porvir ou uma virtude do aqui e agora. Para os budistas, a felicidade é fruto do despertar — a libertação da agonia do desejo. Por volta da época em que Sigmund Freud apareceu e a psicologia se tornou nossa religião *de facto*, a felicidade parecia uma arma carregada. Tudo o que nos fazia felizes provavelmente não era bom para nós; a busca da felicidade estava repleta de conflito interior.

Agora, finalmente, emoções positivas, como alegria, afeto, reverência e humor, estão em evidência. Não é simplesmente correto buscar a felicidade, é essencial. Nossa melhor esperança de ter uma vida boa — e um planeta seguro — é desenvolver o aspecto mais agradável, mais cordial e mais otimista de nossa natureza.

Um sinal verde para a busca da felicidade é extraordinário, mas por onde começar? Devemos procurá-la no nosso entorno — no trabalho, na família, na esfera social? Ou devemos olhar para dentro, para os desejos e traços de personalidade que nos predispõem a ser felizes, e para as características genéticas e comportamentais que nos impedem de sentir pura alegria? Alguns especialistas em felicidade argumentam que somos tão felizes quanto decidimos sê-lo. Se não somos felizes, isso significa que não fomos bem-sucedidos na tarefa. Não é uma perspectiva muito promissora. Atualmente, a ciência do cérebro está vindo nos socorrer, com novas e animadoras descobertas sobre neuroplasticidade, a capacidade de adaptação e mudança do cérebro. A procura da felicidade não é uma questão moral, mas prática. Apesar de herdarmos um certo potencial para a felicidade, podemos aumentá-lo formando novas trajetórias neurais. Com práticas como a meditação e o treinamento cognitivo, podemos recompor nosso cérebro de modo que ele experimente o mundo da maneira naturalmente feliz que as pessoas dão como certo.

Pessoas felizes vêem a vida como oportunidade. Os desafios são bênçãos disfarçadas. Quando nos sentimos felizes, nossa mente é aberta e expansiva. Inversamente, quando estamos abertos e expansivos nos sentimos felizes. A felicidade é uma "espiral ascendente", conforme a descreve um pesquisador. Ela nos faz não só nos sentirmos melhores, mas também *sermos* melhores — mais aptos a forjar relacionamentos gratificantes, encontrar ocupações significativas e lidar com as vicissitudes da vida. A felicidade nos ajuda a nos manter saudáveis e íntegros, quaisquer que forem as circunstâncias. O melhor de tudo é que podemos transmiti-la àqueles que estão ao nosso redor.

Se você comprou este livro — ou o ganhou de uma outra pessoa — a felicidade está obviamente na sua mente. Talvez você esteja passando, no momento, por uma situação difícil na sua vida e se perguntando como dar a volta por cima. Talvez a sua vida seja bastante boa, mas você ache que poderia ser ainda melhor. Seja como for, você vai querer descobrir o que o faz feliz. Encontrar respostas significa fazer as perguntas certas. É para isso que este livro serve. Se você já o folheou, deve ter reparado no formato um pouco diferente da maioria dos livros de auto-ajuda. Nele existem vinte diálogos — conversas hipotéticas — entre alguém que está em busca de respostas e um sábio amigo. Cada diálogo dá ênfase a uma qualidade ou condição que afeta a felicidade, como saúde, riqueza, incerteza ou tempo. À primeira vista, você pode achar que, já que a situação da pessoa que busca não é igual à sua, por que é que esses diálogos teriam alguma importância para você? Dê uma outra olhada. Por trás do questionamento de quem busca jaz uma questão maior a que todos podemos estar relacionados — o desejo universal de ser feliz e superar o que quer que nos esteja impedindo de alcançar esse objetivo.

O uso do diálogo para investigar a nossa experiência e encontrar um significado mais profundo é uma técnica tradicional, usada admiravelmente por Sócrates, o mestre grego cujos diálogos foram fielmente registrados pelo seu discípulo Platão. Tomamos algumas liberdades com o método socrático; para começar, a pessoa que busca faz a maior parte das perguntas enquanto o sábio amigo oferece a maioria das respostas. Talvez não sejam exatamente essas as perguntas que você faria se estivesse no lugar de quem pergunta.

Mas verifique se elas apontam para alguma coisa em você que precise de resposta. O sábio amigo pode estar falando de algo que o interesse.

Dizem que a felicidade é toda a finalidade e o propósito da vida. Mas isso pode ser um engano. Temos de abordá-la indiretamente e com paciência. Mesmo assim, não podemos ter certeza do que será exigido de nós. Um adolescente que participou de um programa experimental para prevenir depressão talvez tenha dito isso de uma maneira melhor: "As pessoas têm a idéia de que ser feliz significa saltitar por entre as flores. Mas ser feliz é estar feliz consigo mesmo."

Diálogo **1** : *Emoções*

COMO NOS SENTIMOS
COMO SENTIMENTOS POSITIVOS PODEM MUDAR A SUA VIDA

Felicidade gera felicidade e cria força interior.

As emoções como o amor, a gratidão e a estima nos

tornam mais expansivos: procuramos ajudar os outros e

encontrar soluções criativas para os problemas.

Bons sentimentos reforçam a si mesmos.

Quando estamos felizes, não podemos deixar de florescer.

Às vezes, eu me sinto como se estivesse numa montanha-russa emocional, reagindo a tudo o que está acontecendo em torno de mim. Alguma idéia sobre como controlar as emoções? Eu daria tudo para administrar melhor a raiva, por exemplo.

Você e um monte de outras pessoas. Lidar com emoções negativas — especialmente a raiva — é sempre uma prioridade, mas existe uma urgência ainda maior agora que estamos vivendo em tempos tão voláteis. Todos nós sabemos como a raiva pode ser destrutiva. Ela nos faz correr o risco de ter graves problemas de saúde, como ataque cardíaco e infartos, e desorganiza nossas relações com outras pessoas. Quase sempre a reação à raiva é mais raiva, de modo que há uma rápida escalada de conflitos. Se quisermos promover a paz no mundo — até mesmo no nosso cantinho —, temos de cultivar meios de transformar as emoções destrutivas.

Você está sugerindo que é melhor reprimir a raiva do que expressá-la? Isso nunca me ficou claro. Afinal, emoções contidas aparentemente dão um jeito de vir à tona, mas dar vazão à raiva só parece piorar a situação.

A noção predominante costumava ser a de que era mais saudável expressar as emoções, mesmo as negativas. Assim, havia muitas pessoas agindo destrutivamente com base nas emoções, e outras tantas sofrendo com esses ataques violentos. Agora o pêndulo se deslocou para o outro extremo, e nós sabemos que expressar emoções negativas pode ser uma faca de dois gumes. Pouquíssimas pessoas têm habilidade suficiente para usar a raiva de maneira construtiva — como um meio de promover a justiça social, por exemplo. Espalhar raiva por todos os lados, como você assinalou, só piora as coisas — não menos por causa do que atualmente sabemos a partir da neurociência. O cérebro está constantemente sendo reconfigurado pelas nossas experiências e estabelecendo novas trajetórias. Assim, se formos cruéis, estaremos literalmente treinando o nosso cérebro para responder com crueldade sempre que a nossa raiva é provocada.

O cérebro faz a mesma coisa com o comportamento positivo? Se eu reprimo a minha raiva, por exemplo, estarei menos propenso a agir motivado por sentimentos de raiva no futuro?

Reprimir uma emoção não é o mesmo que decidir conscientemente não agir motivado por ela. Como você já descobriu, emoções reprimidas costumam ser expressas, geralmente de modo indireto. Mas se quando raiva, ciúme ou medo surgirem você estiver consciente do que está sentindo e captar a emoção antes de agir motivado por ela, você estará livre para escolher a sua reação.

Mas como capto uma emoção? Quando eu percebo o que estou sentindo, geralmente é tarde demais. Eu já reagi.

Com as emoções, o desafio é que tudo acontece com muita rapidez; é uma questão de microssegundos entre o estímulo e a consciência e, muitas vezes, a ação. Paul Ekman, que é um dos primeiros pesquisadores da emoção, observa que o nosso cérebro é organizado de tal modo que não é fácil interromper o mecanismo de reação ou livrar-se de causas emocionais. Para a maioria de nós, o objetivo consiste em reconhecer nossas emoções no começo do jogo e aprender maneiras de responder sem reagir em excesso. Você mencionou a raiva. Digamos que você está em pé na fila do cinema e alguém entra na sua frente. Algumas pessoas vivenciam esse incidente simplesmente como uma pequena irritação. Digamos, porém, que você sinta uma raiva súbita. Usando diversas técnicas você pode se treinar para não perder a paciência nessa situação e talvez até reduzir ao mínimo o sentimento que ela provoca. Mas será possível eliminar a raiva por completo? Provavelmente não — embora os budistas diriam que certas pessoas conseguem — e a psicologia ocidental está começando a achar que temos muito mais controle do que antes se pensava.

> *"Quem vive em harmonia consigo mesmo vive em harmonia com o universo."*
> MARCO AURÉLIO (121-180 D.C.)

Como assim?

Tradicionalmente, a psicologia ocidental tem sustentado que todas as emoções — incluindo as negativas — são parte da nossa constituição, estão codificadas no cérebro, de modo que o melhor a fazer é controlar nossas reações. A visão budista, no entanto, é que as emoções destrutivas não são parte de nossa natureza essencial — que é pura — e que, portanto, devem ser eliminadas. Se isso for verdade, são necessários anos de esforço e dedicação para que praticantes experientes se livrem das emoções negativas. Mas só o fato de saber que emoções como raiva e medo não são construções permanentes na psique humana abre a possibilidade de transformação e de liberdade interior.

Como posso lidar com as emoções negativas?

Tornando-se atento aos mecanismos da sua mente e aos sentimentos no seu corpo, de modo que você esteja consciente das emoções quando elas surgirem e possa ter opções sobre o que fazer com elas. Um modo de aumentar a consciência é por meio da prática da observação. As pesquisas mostram que a prática da observação aumenta a atividade no córtex esquerdo — aquela parte do cérebro que é ativada quando experimentamos uma emoção positiva — reduzindo a ansiedade e melhorando a concentração e o humor. Ekman sugere que devemos procurar ser mais sensíveis às emoções de outras pessoas para que não tiremos conclusões erradas sobre as suas intenções e o seu comportamento. A recomendação do Dalai Lama para o cultivo da empatia, conforme relata Daniel Goleman em *Destructive Emotions*, é que comecemos com os seres miúdos, com as formigas e os insetos. "Dê realmente atenção a eles e reconheça que eles também desejam encontrar a felicidade, sentir prazer e livrar-se do sofrimento." A partir daí, podemos repetir o exercício com os répteis, depois ir subindo gradualmente na cadeia evolutiva até chegarmos a criar empatia pelos seres humanos.

Por que é tão importante cultivar emoções positivas?

Elas são a chave da felicidade. As emoções negativas limitam o nosso foco — provavelmente como parte da nossa estratégia de sobrevivência —, mas emoções como a alegria, o amor e a gratidão fazem exatamente o oposto. Elas rasgam as vendas, dando-nos uma perspectiva muito mais ampla da vida. Quando experimentamos emoções positivas, pensamos de modo diferente, observa Barbara Fredrickson, uma pesquisadora pioneira no campo das emoções. Quando a nossa mente se abre, surgem-nos novas idéias e soluções criativas. Nós também procuramos entender os outros e ser mais generosos. Queremos ajudar. Um estado de ânimo positivo nos deixa mais otimistas e flexíveis, possibilitando-nos sobreviver — e mesmo prosperar — em situações difíceis. Sentir-se bem não só faz a gente feliz, como também transforma a vida. "Pessoas que regularmente experimentam emoções positivas são... alçadas a uma 'espiral ascendente' de crescimento e prosperidade contínuos", explica Fredrickson.

Mas o que acontece se eu não sou otimista por natureza? Não posso simplesmente dizer: "Tudo bem, eu acho que vou me sentir grato hoje" e esperar que isso aconteça, posso?

Você pode tentar cultivar emoções positivas diretamente, assistindo a filmes engraçados, digamos, ou convivendo com amigos otimistas. Mas o mais eficaz a longo prazo, segundo Fredrickson, é procurar significado positivo no dia-a-dia. Encontre o bem na adversidade, diz ela:

> **EXPRESSE "ESTIMA, AMOR E GRATIDÃO MESMO PELAS COISAS SIMPLES."**

Uma perspectiva positiva não é só benéfica do ponto de vista pessoal; ela pode fazer milagres nas organizações e até nas comunidades.

> **"A ÊNFASE NA BONDADE PODE NÃO SÓ MUDAR A SUA VIDA, MAS TAMBÉM, QUEM SABE, O MUNDO, E COM O TEMPO CRIAR UM CÉU NA TERRA."**

Isso é completamente diferente do que a raiva vem fazendo ao mundo recentemente.

Diálogo **2**: *Bondade*

UM CORAÇÃO AFETUOSO
COMO CULTIVAR A COMPAIXÃO

Quando a felicidade parecer uma ilusão, lembre-se da força de um "por favor" e de um "obrigado". Um simples gesto de estima ou generosidade pode mudar completamente o dia de uma pessoa. Até mesmo os inimigos merecem a nossa gratidão: eles nos ensinam a ter paciência. Nós devemos nossa vida à bondade dos outros. O contentamento deriva da retribuição do favor.

Recentemente tive uma daquelas experiências em que tudo parece dar errado. Mas toda vez que eu estava pronto para desistir, alguém — geralmente um estranho — aparecia e oferecia ajuda. Essa generosidade não pôde deixar de levantar o meu ânimo. Ora, o que tornou essa experiência tão especial parece óbvio... é a bondade! Essa bondade é algo incomum nos dias de hoje. Por que você acha que é assim?

A bondade é um dos artigos mais desvalorizados — o que é muito ruim porque, como você constatou, basta um pouquinho dela para transformar completamente o dia de uma pessoa. Eu me pergunto se não tomamos conhecimento da bondade por ela ser tão simples. O que realmente está envolvido? Se alguém precisa de algo, nós o ajudamos. Se alguém está deprimido, nós o consolamos. Se alguém tropeça, nós o seguramos. Existe uma necessidade e nós respondemos a ela. Então a outra pessoa sente-se grata e aliviada — e nós ficamos felizes por saber que pudemos ajudar. A bondade exige pouco esforço, mas em troca dá um alto retorno.

Às vezes ser generoso dá a sensação de ser tão bom quanto estar na posição de quem recebe — é isso o que significa uma troca?

Sem dúvida. Em inglês, a raiz da palavra "bondade" (*kindness*) é a mesma da palavra "parentesco, afinidade" (*kin*). Bondade é um reconhecimento da nossa afinidade. Em muitas culturas, a pior coisa que se pode fazer é mostrar desrespeito a alguém. O desrespeito avilta, diz que o outro não importa. A mensagem é: *Você não existe*. A bondade é exatamente o oposto. Você não pode fazer o bem sem que alguém o receba. Seja qual for a forma que a bondade assuma, o fundamental é que você está fazendo um contato humano.

Algumas pessoas parecem ser boas por natureza. Mas por que é que os outros precisam realmente se esforçar para ser bons, ou por que jamais se dão ao trabalho de tentar ser bons?

Pode haver muitas razões para se evitar uma oportunidade de fazer o bem. Talvez a pessoa simplesmente está tendo um dia ou um ano ruim. A questão é que nunca é tarde demais para aprender. *Um Conto de Natal*, de Charles Dickens, é um conto clássico sobre isso. Depois que Scrooge é visitado por fantasmas que lhe mostram o efeito de sua avareza e o destino que o aguarda se ele continuar nesse caminho, ele promete mudar. Poderia fazer bem a todos nós sermos visitados de vez em quando pelos fantasmas do nosso egoísmo.

> ## "O maior prazer que conheço é fazer uma boa ação em segredo e que ela seja descoberta por acaso."
>
> CHARLES LAMB (1775-1850)

Mas não será a bondade às vezes uma manipulação? Tenho uma conhecida que está sempre dando presentes e fazendo favores. Não posso deixar de pensar: "Qual é a vantagem? O que ela quer em troca?" Estou reagindo muito emocionalmente ou sendo invejosa?

Um pouco de auto-introspecção não faz mal para verificar se você está julgando de acordo com os *seus* padrões, mas não se compare com os outros. Quem sabe por que sua amiga precisa dar tanto? Pessoas com baixa auto-estima costumam pensar que precisam comprar o amor dos outros. Se o comportamento está interferindo na amizade de vocês, por que não discutir isso? Encontre um modo elegante de dizer que você aprecia a bondade dela, mas que você gostaria de deixar claro que no futuro você pedirá ajuda quando precisar. Enquanto isso, pergunte a si mesmo se você já usou a bondade para os seus próprios fins. A maioria de nós faz isso.

Desculpe, mas não acredito nisso. Não tenho a mesma energia otimista dessa mulher que acabei de mencionar. O meu pecado é o da omissão. Às vezes nem me preocupo em ajudar. E depois me sinto mal.

Não estou sugerindo que usemos algum cálculo complicado para medir a bondade em termos de recompensas. Mas você já percebeu que ser bom tem uma compensação: nos faz sentir bem. E felicidade gera felicidade. Se estivermos felizes com uma situação, nos sentiremos motivados a repeti-la — e não apenas a agir em benefício próprio. O sistema de compensação do cérebro tem um propósito evolutivo: ele nos incentiva a cooperar uns com os outros.

Então em Um Conto de Natal a compensação de Scrooge seria a de se sentir melhor em relação a si mesmo, ou a de se sentir melhor por ter reconquistado os amigos e a família?

Você não acha que eram as duas coisas? A bondade rompe barreiras e aproxima as pessoas. Scrooge desabrochou tardiamente, mas a bondade e a compaixão geralmente começam a se desenvolver na infância. De vez em quando se vê um exemplo excepcional de solidariedade em alguém muito jovem. Eu li a respeito de um menino com paralisia cerebral cujos pais trabalharam com o sistema público de educação da cidade de Nova York para criar um programa inovador que integrasse crianças com necessidades especiais às aulas normais. Um dos colegas de classe do menino era particularmente sensível e carinhoso e se tornou seu amigo e protetor dedicado.

Quando ouço uma história como essa me sinto culpado. Eu gostaria de fazer trabalho voluntário, mas não me sinto à vontade em torno de pessoas que estão doentes ou têm "necessidades especiais".

Bondade é bondade, mas o modo de expressá-la não é igual para todos. Vá aonde o seu coração levar você. Minha amiga Lorna Kelly tornou-se muito próxima de Madre Teresa nas últimas décadas da sua vida. Mas quando Lorna visitou a missão das Irmãs de Caridade em Calcutá pela primeira vez, ela não achava que ficaria o dia todo — ela teve de dar banho e trocar ataduras em pessoas com feridas abertas e infectadas. Mas algum ponto profundo dentro dela foi tocado, e Lorna não só ficou como voltou a visitar a missão várias vezes. Na sua autobiografia *The Camel Knows the Way*, Lorna escreve: "De um modo ou de outro eu acredito que somos chamados a fazer o que Madre Teresa faz — ser amorosos e servir à humanidade em nossa vida diária, qualquer que seja a forma que esse serviço possa tomar: como pasteleiro, messias, mecânico, imperador, dona de casa, poeta, executivo, santo, bailarina."

Não vejo como simplesmente viver a minha vida seja uma demonstração de amor e solidariedade. Fazer compras para o meu vizinho parece insuficiente quando existe tanta necessidade no mundo.

O Dalai Lama observa que a palavra *tsewa*, no tibetano, significa compaixão por si mesmo e também pelos outros. É por isso que as práticas que cultivam a bondade e a compaixão — como repetir a oração de Jesus ("Nosso Senhor Jesus Cristo, tende piedade de nós" ou fazer a meditação *metta* (bondade e amor) — podem ser tão eficazes. Elas nos ajudam a nos sentir parte da humanidade — não alguém que tenha mais ou menos necessidades do que os outros. Quando você deseja felicidade e bem-estar não só para aqueles que você ama, mas também para aqueles que você não conhece e mesmo para aqueles de quem não gosta, você está aumentando as suas oportunidades de ser feliz e ajudando a transformar a maneira como nos relacionamos uns com os outros. Sharon Salzberg, no seu livro *A Heart as Wide as the World*, assinala que a prática de *metta* nos assegura que jamais estamos sós. Quando você envia bondade e amor aos outros, todas as outras pessoas que estão praticando essa meditação estão enviando bondade e amor para você.

Quando o Dalai Lama diz: "Minha religião é a bondade", o que ele está querendo dizer?
Não posso falar pelo Dalai Lama. Mas ele se refere freqüentemente a uma "espiritualidade básica" que não é específica de nenhuma tradição religiosa, mas que está assentada naquilo que ele considera como qualidades humanas fundamentais: bondade, amor e compaixão. Em *The Art of Happiness at Work*, ele resume

isso da seguinte maneira: "Seja uma boa pessoa, uma pessoa bondosa. Relacione-se com os outros com simpatia e afeto humano, com honestidade e sinceridade. Tenha compaixão."

O Dalai Lama é famoso por gestos simples que têm um efeito profundo. Ele pode estar numa sala com 5.000 pessoas, mas é capaz de perceber uma única pessoa que esteja sofrendo e ir direto a ela. Às vezes, ele simplesmente toma as mãos da pessoa entre as suas e olha fixamente nos olhos dela e dá um sorriso ou uma risada. É possível ver então a preocupação dessa pessoa desaparecer. No fundo, o que todos nós queremos é ser aceitos, é sentir que alguém nos notou e gosta de nós. Ele é um exemplo maravilhoso dessa atitude.

Estou intrigado com a idéia de fazer da bondade uma prática.

Eu acho que estamos só começando a despertar para o poder da gratidão e da estima. Se apenas disséssemos "Por favor" e "Obrigado" uns aos outros, já poderíamos começar a mudar o mundo. Há um maravilhoso comercial de TV mostrando duas pessoas estranhas. Uma mulher sem querer acaba de ofender a outra e sabe que dizer mais alguma coisa só vai piorar a situação. Mas, de repente, ela diz sem pensar "Obrigada!" para espanto das duas. O rosto da outra muda da hostilidade para a perplexidade e desta para a alegria. Elas acabam se abraçando. Tudo bem, a vida não é um comercial, mas o argumento é válido: um simples "Obrigado" no momento certo pode unir duas pessoas que estavam muito afastadas. É uma idéia surpreendentemente simples.

Ser bondoso e compassivo exige paciência, observa o Dalai Lama. Assim, devemos ser gratos aos nossos inimigos: eles nos dão a oportunidade de praticar a paciência. Quando Jesus disse: "Ama teu inimigo", ele não estava sugerindo o auto-sacrifício. Ele estava nos desafiando a tomar o caminho mais rápido para a felicidade: ser bondoso.

Diálogo **3**: *Incerteza*

SAUDANDO O DESCONHECIDO
COMO SE ALEGRAR COM RESULTADOS IMPREVISÍVEIS

Geralmente o futuro é um grande ponto de interrogação. Isso pode ser assustador — especialmente se estamos esperando o resultado de um pedido de emprego ou de um exame médico. Tentar, porém, prever resultados, mesmo aqueles que podem mudar nossa vida, pode sabotar nossa paz de espírito. Existem maneiras melhores de lidar com a incerteza e de se sentir bem com o desconhecido.

Na semana que vem, vou mandar fazer uma inspeção de engenharia numa casa que espero comprar. Não consigo deixar de pensar nisso. Continuo tentando explorar todas as possibilidades e imaginar minha reação se essa inspeção apresentar graves problemas. Pus o meu coração nessa casa, mas estou ficando louco. Como posso parar de me preocupar?

É um problema comum tentar adivinhar o futuro, prová-lo antes do tempo. Nós queremos viver hoje os problemas de amanhã de modo que possamos deixá-los para trás. Achamos que podemos antecipar todos os possíveis resultados, mas é aí que saímos dos trilhos. Por mais que planejemos cuidadosamente, existe sempre a possibilidade de que algo dê errado — e, invariavelmente, é o mínimo que esperamos. Você pode achar que, tudo bem, é uma casa velha, de modo que se houver um problema, será na caldeira de calefação ou no telhado, mas em seguida a notícia de que há uma rachadura na fundação o deixa transtornado.

Eu gosto de pensar que temos na nossa cabeça dados suficientes para antecipar possíveis resultados. Mas, numa situação como essa, em que o resultado é incerto, experiência mais informação é igual a... bem, no meu caso pelo menos, é igual a preocupação. Por que isso ocorre, na sua opinião?

Você está certo ao localizar o problema na cabeça. Boa parte da nossa ansiedade vem do fato de o cérebro nos fazer acreditar que é meio bola de cristal, meio computador. Nós nos enganamos pensando que temos a programação interna adequada para fazer o cérebro trabalhar numa tarefa impossível: "Calcule todas as possibilidades e, depois, classifique-as em ordem de probabilidade. Simule o experimento dos resultados mais prováveis para que eu saiba como eles são, se e quando ocorrerem." Agora leia os meus lábios:

> O CÉREBRO NÃO TEM NADA A VER COM ISSO — ELE NÃO FAZ PARTE DA DESCRIÇÃO DA TAREFA!

Mas como é que posso dizer ao meu cérebro para não se preocupar? Já tentei, mas ele nunca escuta. Em vez disso, o que ele deveria fazer nos momentos ociosos, quando estou andando de ônibus ou deitado na cama esperando pegar no sono?

Seria ótimo se pudéssemos nos forçar a entender que a preocupação obsessiva, especulativa — ao contrário do interesse construtivo — nunca resolveu nem um único problema. É como tentar fazer, num jogo de xadrez, quatro movimentos à frente do seu oponente: existem tantas permutações possíveis de resultado que até mesmo Bobby Fischer desperdiçaria o seu tempo se tentasse. É claro que uma coisa é saber disso intelectualmente, outra é aceitá-lo profundamente. Como é que você pode simplesmente *parar de se preocupar*, se se preocupar é o que a mente não treinada faz à revelia?

Espere um momento, isso é realmente interessante — a noção da mente não treinada está vinculada com a minha pergunta sobre o que o cérebro deveria estar fazendo em seus momentos ociosos.

Preocupar-se era a atividade do cérebro há milhões de anos. De que outra maneira poderíamos saber se era seguro comer aqueles morangos ou se aquelas imensas criaturas aladas planejavam nos jantar? Atualmente, podemos ter uma razoável certeza de que comprar suprimentos no supermercado não vai nos matar e que a maioria dos predadores só quer nos destruir no sentido figurado. Nossas apreensões diárias mudaram consideravelmente, mas não o nosso mecanismo de preocupação. Cabe a nós reprogramar os sinais de aviso e os alertas vermelhos.

Pondo a questão nesses termos, parece óbvio que, em vez de se preocupar, o cérebro deveria estar lendo, ou escrevendo, ou planejando, ou criando — tudo aquilo a que fomos singularmente criados para fazer. Mas isso ainda não me diz como não me preocupar tanto, pelo menos, com aquilo sobre o qual não tenho controle.

Sim, essa é a dificuldade. Até que ponto temos realmente controle? Uma coisa que não podemos mudar é a própria mudança. Tudo está em constante fluxo, e somos incapazes de detê-lo. A mudança — e a morte — são o que de fato tememos.

> *"Seja paciente com tudo aquilo que não está resolvido no seu coração, e tente apreciar as próprias dúvidas."*
>
> RAINER MARIA RILKE (1875-1926)

O medo nos faz perder aquilo que é valioso para nós?

Ou, para começar, não vamos conseguir o que queremos. Se você pudesse controlar as coisas do seu jeito, você não estaria preocupado com a inspeção de engenharia. Você já teria manobrado a situação a seu favor. Mesmo quando não sabemos o que queremos, sabemos *que* queremos. Somos movidos pelo desejo. O Buda disse que nossa infelicidade vem de querermos que as coisas sejam diferentes do que são. Nós nos preocupamos até com o futuro. O alívio vem só quando ficamos no presente. Se você está concentrado neste momento, neste diálogo, está se preocupando? Eu penso que não. Em *The Wisdom of Insecurity*, Alan Watts resume nosso dilema: "O cérebro está em busca da felicidade e, visto que o cérebro está muito mais preocupado com o futuro do que com o presente, ele concebe a felicidade como a garantia de um futuro indefinidamente longo de felicidade. No entanto, o cérebro também sabe que não tem um futuro indefinidamente longo, de modo que para ser feliz ele deve tentar comprimir todos os prazeres do Paraíso e a eternidade no curto período de alguns anos."

Amém. Se a inspeção não der certo, provavelmente ficarei inconsolável. Jamais poderei encontrar uma outra casa igual àquela. Nem sequer tenho certeza de que poderei suportar a ansiedade de procurar uma casa novamente.

É claro que você pode, pois seja lá como for que você se sinta quando os resultados da inspeção chegarem, você não se sentirá assim por tanto tempo quanto imaginou. Pesquisadores constataram que somos sabidamente ruins em prever a intensidade de nossas reações emocionais. A antecipação é uma parte grande de qualquer experiência, e o cérebro sabe disso. Ele pode se lançar precipitadamente, como um pai ou uma mãe superprotetores, para nos defender da ansiedade e, durante essa operação, estragar a festa.

Eu sempre fui uma pessoa preocupada. Será este o meu karma, ou posso fazer algo com relação a isso?

Mesmo que você herdasse alguns genes a mais de preocupação do que o seu vizinho, você ainda poderia fazer muito para refrear a sua mente. Para começar, lembre-se que a mudança e a incerteza são fatos da vida. Reformule a sua atitude, e você poderá até começar — não se assuste — a dar as boas-vindas ao desconhecido. O mistério, como a variedade, dá sabor à vida.

"Dar as boas-vindas ao desconhecido"? Muito pouco provável. Sou avesso ao risco.

E parece que você se orgulha disso. Pema Chödrön, uma monja budista com uma atitude muito moderna, não tem papas na língua a respeito desse assunto.

Em *The Places That Scare You*, diz ela: "Podemos fazer a nós mesmos esta pergunta: 'Prefiro crescer e me relacionar diretamente com a vida, ou opto por viver e morrer de medo?'" Se você quiser viver a vida feliz, precisa mergulhar de cabeça.

Você poderia ser mais específica?

Procure entender se seus medos são reais, ou se você está se atormentando com o que imagina que poderia acontecer.

Talvez eu não possa fazer nada quanto à inspeção. Mas se o negócio for fechado, vou ter muito com que me preocupar — hipoteca, vizinhos, móveis.

Eu disse medos *reais*. Você terá informações suficientes para tomar essas decisões no devido tempo. Você precisa começar a viver no presente e aprender a parar de pensar de modo obsessivo. Sempre que pegar sua mente saindo em disparada, diga interiormente: "Pare!" Seja firme. Em seguida, dirija a sua atenção para algo positivo. Ou tente exagerar a sua preocupação. Faça-a crescer desproporcionalmente, descreva-a em termos terríveis, que ameacem a própria vida. Ela vai parecer tão absurda que você acabará rindo. Ou então, estabeleça um horário regular — digamos, das 5:00 às 5:10 da tarde — e adie toda preocupação até lá. Você poderá também usar a meditação consciente para observar os seus pensamentos, ou praticar a compaixão para aliviar essa sua preocupação interior.

Eu não me preocupo tanto quando estou realmente absorto ou quando sinto que tenho o controle da situação.

A competência nos dá uma sensação de controle. É por isso que aprender uma nova habilidade ou ter o domínio de algo que antes evitávamos é uma sensação tão boa. Depois do 11 de setembro, estamos todos procurando alguma espécie de proteção contra a insegurança. Mas só o que podemos fazer é cuidar do que está diante de nós. Anos atrás, eu vi um *slogan* que fala da insensatez de se entregar a intermináveis *e se*:

"As pessoas que vivem à beira de um vulcão sabem o verdadeiro significado da vida."

Diálogo **4**: *Criatividade*

AUTO-EXPRESSÃO
COMO ESTIMULAR O ARTISTA QUE HÁ DENTRO DE VOCÊ

Como somos felizes quando estamos absortos na criação, inventando algo novo ou reinventando algo familiar! A criatividade é o fogo da engenhosidade que inflama a vida cotidiana e ilumina um futuro melhor. Somos todos criativos: o impulso de criar e recriar o mundo está em nossos genes. Às vezes, ele só precisa de um pequeno empurrão.

Eu gostaria de fazer alguma coisa criativa, mas não sou um artista. Se você não nasce com talento, eu acho que você não tem sorte. A criatividade não é algo que podemos aprender, é?

Vamos começar com a sua suposição de que criatividade e talento são a mesma coisa. Não são, embora muitas pessoas os confundam. Talento é uma capacidade inata específica — um ouvido musical, digamos, ou um jeito com números. Mas até mesmo um talento excepcional não passa de uma potencialidade enquanto não estiver desenvolvido. É preciso dedicação, estudo e prática, prática, prática. Você tem razão em pensar que o talento não é distribuído igualmente. Para cada Beethoven em formação, existem milhares de outros que mal sabem cantarolar uma melodia.

> NÃO SEI DIZER SE VOCÊ TEM TALENTO OU NÃO. MAS POSSO, SIM, PROMETER QUE, SE VOCÊ ESTÁ VIVO, VOCÊ É CRIATIVO.

Todo mundo é criativo. É um dom natural e um princípio genético de oportunidades iguais para todos.

Portanto, você não precisa *aprender* a ser criativo. Você já o é. Mas, se você quiser expressar a sua criatividade de um modo particular, vai precisar fazer um esforço para cultivá-la. "A criatividade é um hábito", diz a coreógrafa Twyla Tharp em *The Creativity Habit*, "e a melhor criatividade é o resultado de bons hábitos de trabalho. Em poucas palavras, é isso."

Nada muito romântico. Mas isso deve ajudar você a enterrar a idéia de que a criatividade é algum tipo de habilidade misteriosa que lhe falte. A questão é que criatividade significa agir. Não é só para os artistas. É criativa qualquer pessoa que esteja disposta a empenhar-se num processo de criação.

"Processo criativo"? Que é isso?

O processo de cada pessoa é diferente, mas a maioria segue, em linhas gerais, o mesmo caminho quando transforma uma idéia vaga num resultado concreto. Existe alguma coisa que você queira fazer, algum problema que queira resolver, ou algum objetivo que queira alcançar? Podemos tomar a sua idéia e seguir o seu trajeto.

Bem, venho brincando com a idéia de preparar e produzir uma história da minha família. Tenho fotografias e cartas, alguns filmes domésticos e o diário de minha avó.

Bom. Sua idéia é produzir uma história da família. O primeiro passo consiste em explorar as suas opções. Reúna todas as informações e o material que possam ser importantes para o seu projeto. Você não está tomando decisões nesta altura, apenas verificando as possibilidades. Junte os materiais de que já dispõe e verifique as fontes para adicionar outros materiais. Pense nos formatos possíveis: Será um livro? Um álbum de fotografias? Uma história oral? Um vídeo ou DVD? Vá à biblioteca, navegue na Internet, converse com pessoas que já criaram histórias de famílias. Pesquise tudo o que está envolvido: o equipamento de que você vai precisar, o tempo e o dinheiro exigidos, que tipo de ajuda você deverá recrutar. Seja minucioso. A fase de preparação é decisiva para o sucesso do seu projeto. Ela pode levar semanas ou meses, mas vale cada momento.

Uma vez que tiver feito toda a sua pesquisa, deixe-a "incubar". Transfira-a para o seu inconsciente. Durante esse estágio, muitos artistas dão a impressão de estar desperdiçando tempo: tiram um cochilo, meditam, fazem yoga ou caminhadas. Uma escritora que conheço passeia pelas lojas de departamentos enquanto está filtrando uma história. Ela não está fazendo compras, apenas deixando a mente vagar em meio a um belo ambiente. Relaxamento profundo, devaneio e um estado de "semiconsciência" pouco antes de dormir são muito úteis para as descobertas interiores criativas.

Em algum momento, você terá uma revelação sobre o seu projeto. Certifique-se de que ela seja viável antes de prosseguir. Digamos que de repente você perceba que se não entrevistar a geração mais antiga imediatamente, enquanto as lembranças dela ainda estão intactas, as histórias da família se perderão. Visto que você tem uma videofilmadora, faz sentido gravar os membros da família, acrescentar em seguida outros materiais sonoros e visuais existentes e criar um DVD multimídia no seu computador.

> *"Criatividade não é a descoberta de uma coisa, mas sim fazer algo com essa coisa quando ela é descoberta."*
>
> JAMES RUSSELL LOWELL (1819-1891)

O último estágio envolve dar substância à sua idéia Este é o trabalho difícil de criar — aquilo a que o inventor Thomas Edison se referia quando disse: "Talento é 1% de inspiração e 99% de transpiração." Para você, esse estágio vai implicar muitas horas de filmagem, gravação, edição e mixagem, até que você tenha a história de sua família finalizada e pronta para ser distribuída.

O processo que você acabou de descrever é mais ou menos o que eu já utilizo na solução de problemas. Nunca pensei nele como criativo.

O que quer dizer criativo para você?

Produzir alguma coisa totalmente original.

Originalidade é um outro aspecto da criatividade que é mal compreendido. Os gregos antigos achavam que *nada* era original. Tudo já existe como idéia, diziam eles; criar arte é uma questão de intuir essas idéias e dar-lhes forma concreta. Muitas tradições espirituais consideram a criatividade uma expressão de Deus. O artista é o canal; o produto é quase um acontecimento casual. Matthew Fox, um monge dominicano convertido em ministro da Igreja Episcopal, descreve a criatividade como "ligar-se ao Divino em nós e... trazer o Divino de volta à comunidade".

No sentido clássico, o dom divino que se traz de volta à comunidade pode ser uma obra de arte. Mas pode ser qualquer coisa que se faça com talento: educar um filho, escrever um relatório, fazer amor, preparar um jantar. A vida diária está cheia de oportunidades criativas.

Você dá a entender que toda pessoa é um artista.

A sua vida é o seu dom ao mundo — a suprema expressão de *você*. Isso faz dela uma forma de arte, sendo você o artista. Não assumir a responsabilidade pelas nossas habilidades, não viver à altura de nosso potencial é, para os deuses da criatividade, o nosso maior pecado. "A criatividade faz a alma se alegrar", disse o místico Meister Eckhart. Criar é divertido — um êxtase, às vezes. As crianças sabem disso instintivamente, mas nós precisamos ser lembrados que o auge da felicidade é quando nos encontramos no estado de envolvimento criativo, esquecidos de nós mesmos, o qual o psicólogo Mihaly Csikszentmihalyi chama de "fluxo".

Alguma sugestão sobre como desenvolver ainda mais a minha criatividade?

Artistas influentes tratam a criatividade como uma disciplina. Disciplina não é trabalho forçado, apenas organização. Rotinas e rituais nos dão raízes para que as idéias possam voar. Twila Tharp começa o dia com movimento — faz natação de manhã cedo. Julia Cameron, cujos ensinamentos em *Artist's Way* são o caminho de opção para inúmeros aspirantes criativos, rabisca às pressas, religiosamente, três "páginas matinais" — escritas no estilo de fluxo de consciência que limpam a mente e captam idéias que emergem do inconsciente.

CULTIVE A CURIOSIDADE E O INTERESSE,

sugere Csikszentmihalyi.

PROCURE SE SURPREENDER COM ALGUMA COISA TODOS OS DIAS.

Ou então, procure surpreender. A maioria das pessoas criativas mantém uma agenda à mão para anotar suas observações e idéias brilhantes e repentinas. Mas, se você prefere imagens em vez de palavras, poderá ter um álbum de anotações e fotos, como faz o fotógrafo Peter Beard há 40 anos. Viver criativamente não é para os preguiçosos — significa trabalhar constantemente nos limites, desafiar a si mesmo a ir mais longe.

Dá a impressão de muito esforço. E se eu não tiver tempo ou espaço para tudo isso?

Pessoas que levam a criação a sério sempre encontram um jeito de fazê-lo. Elas acordam cedo ou dormem tarde, esboçam idéias em trens e aviões, transformam carros estacionados ou bancos de parques em ambientes de trabalho improvisados. J. K. Rowling terminou de escrever o primeiro livro da série Harry Potter nos cafés de Edimburgo. Um motorista de ônibus de New Jersey que viaja de trem entre a casa e o local de trabalho pratica violoncelo no seu ônibus vazio durante o horário de almoço.

Para dizer a verdade, algumas pessoas — e alguns projetos — exigem um espaço consagrado. (Se você está pintando telas de 1,80 x 3,50m, vai querer um estúdio.) Mais importante ainda é criar espaço *interior*. Há uma clássica história zen sobre um homem culto que vai até um grande mestre zen em busca de ensinamentos. O mestre lhe entrega uma xícara e começa a enchê-la de chá. O homem continua pedindo por ensinamentos. O mestre continua derramando chá. Finalmente, quando o chá começa a transbordar da xícara, o homem culto fica chateado. Com calma, o mestre zen lhe diz:

> "A SUA MENTE ESTÁ TRANSBORDANDO COMO ESTA XÍCARA. SÓ QUANDO VOCÊ A TIVER ESVAZIADO DE TODAS AS SUAS IDÉIAS E OPINIÕES, É QUE HAVERÁ ESPAÇO PARA AQUILO QUE ENSINO."

Um dos maiores obstáculos à criatividade é o medo. Comece a fazer meditação e aprenda a se concentrar para que não venha a usar o medo — ou as inevitáveis distrações da vida — como desculpa. Acima de tudo, desenvolva o seu dom para o mundo. Quer o seu legado seja um filho, um soneto ou o melhor pão-de-ló das redondezas, vá atrás dele com todo o seu coração.

Diálogo **5**: *Propósito*

QUAL É O PROPÓSITO DA MINHA VIDA?
COMO FAZER O QUE IMPORTA

Por que estou aqui? O que devo fazer com a minha vida?

A felicidade consiste na sua resposta. Uma vida boa toma o rumo do coração. Freqüentemente ela inclui um trabalho que valha a pena e contribuições que sobrevivam a ela.

O propósito dá forma e direção ao seu caminho.

Ter um sentido de missão traz contentamento.

Realizar a sua missão é bem-aventurança.

Ultimamente venho me sentindo impaciente. O trabalho não é tão gratificante como costumava ser, e eu me preocupo com as demissões. Provavelmente encontrarei um outro emprego ou até mudarei de carreira, mas parece que não consigo reunir energia para começar a procurar. Continuo me perguntando se a vida não é algo mais do que isso.

Não estará você realmente perguntando se a *sua* vida não é algo mais do que isso? Não posso deixar de pensar na *Divina Comédia*, o poema épico de Dante sobre o despertar espiritual. Ele abre com estes versos:

"Da vida ao meio da jornada,
tendo perdido o caminho verdadeiro,
achei-me embrenhado em selva escura."[*]

O peregrino de Dante percebe de repente que perdeu o seu rumo — o seu sentido de propósito. Sua vida bela e arrumada não faz mais sentido. Ele mergulhou na incerteza. Hoje, provavelmente diríamos que o sujeito estava passando por uma crise de meia-idade.

É como se você estivesse passando por uma experiência semelhante. Você já não está mais contente com a sua vida como ela tem sido, mas não sabe o que virá em seguida. Em algum lugar no seu íntimo você está sendo chamado para "algo mais". Mas o quê? Você se sente tentado a cobrir a cabeça e ignorar o chamado, a deixar as coisas como estão.

Lamento, mas isso não vai adiantar. É nesse ponto que o poeta Rumi diria: "A brisa do amanhecer tem segredos a lhe contar. Não volte a adormecer." Não

---

[*] Extraído de *A Divina Comédia*, publicado pela Editora Cultrix, São Paulo, 1965, p. 27.

perca a oportunidade de adquirir maior consciência, de expandir as suas possibilidades. Você pensa que o que está procurando é uma mudança de emprego ou de carreira, mas eu acho que você está empenhado numa busca mais ampla — redefinir o seu propósito de vida e reivindicar o significado dela.

"Propósito de vida" soa tão imponente, tão abstrato. O que isso realmente quer dizer?

O propósito de vida é o seu foco, a sua razão de ser, aquilo que faz você levantar-se de manhã. É a resposta à pergunta que todos nós fazemos a determinada altura: *Por que estou aqui?* O propósito não é tanto uma meta como a direção que você está seguindo — sua missão, se preferir. As empresas e as organizações formulam declarações de missão que refletem seus princípios e objetivos, para orientar suas decisões e ações. Escrever uma declaração de missão pessoal é um exercício útil. Você sabe que você não é apenas os seus impulsos e desejos. Qual é, então, o significado da sua vida? Você foi enviado à Terra para fazer o quê?

Não gosto muito dessa idéia de que "fui enviado à Terra com uma missão". Sou mais inclinado para a "teologia do processo": Deus pôs o universo em movimento e, depois, deixou o resto por nossa conta. No entanto, eu quero pensar que a minha existência tem importância, que estou contribuindo de alguma maneira.

O filósofo Bertrand Russell escreveu um livro, *The Conquest of Happiness*, no qual diz que chegou à conclusão de que as pessoas que vêem a vida como um todo significativo são mais felizes do que as que a vêem como uma série de acontecimentos sem um determinado motivo ou direção. "Um propósito coerente não é o bastante para tornar a vida feliz", afirma ele, "mas é uma condição quase indispensável de uma vida feliz."

Russell observa que a maioria de nós expressa seu "propósito coerente" por meio do trabalho. Sugiro definirmos "trabalho" no sentido mais amplo, como atividade significativa e não apenas como ocupação remunerada. Digamos que o seu propósito seja o de ajudar pessoas em grave necessidade. Pense nas inúmeras maneiras em que você poderia expressá-lo. Você poderia trabalhar como assistente social, ou conduzir uma reunião de gabinete como Secretário da Saúde ou de Promoção Humana. Talvez você faça um trabalho como voluntário num asilo de mulheres, ou lidere uma manifestação contra a construtora que pretende terraplenar o jardim da comunidade para abrir caminho para um viaduto. Se você fosse uma celebridade, poderia usar seus contatos para levantar grandes doações em dinheiro para um fundo contra a fome ou a pobreza. Se fosse a Madre Teresa, poderia dirigir uma missão para os excluídos e abandonados e acabar ganhando um prêmio Nobel. Ou talvez você seja um pai ou uma mãe em tempo integral, criando um filho com necessidades especiais.

Não é de surpreender que a nossa cultura tenha grande interesse em saber como o trabalho influencia a felicidade. Pesquisadores descobriram que não é *o que* fazemos, mas como o fazemos, que determina a satisfação. Quer sejam dirigentes de empresas ou assistentes hospitalares, as pessoas que encaram o trabalho como uma vocação são significativamente mais felizes e mais realizadas do que as que tratam o trabalho como um simples meio de receber um salário.

Nem mesmo o montante que ganhamos não é tão importante como sentir que o nosso trabalho serve a um propósito maior e expressa o que está dentro do nosso coração. Grandes contingentes de enfermeiras vêm abandonando a profissão em parte porque são obrigadas a despender tanto tempo em tarefas administrativas e monitorar equipamentos de alta tecnologia, que não dispõem de tempo para cuidar individualmente de cada paciente, o principal motivo que as levou a escolher a enfermagem.

> *"Uma pessoa atinge o auge da felicidade quando está pronta para ser o que é."*
> ERASMO (C. 1466-1536)

O que acontece com as pessoas que, a exemplo das enfermeiras, abandonam a profissão? Elas perdem o seu sentido de propósito?

Perder o emprego não significa, necessariamente, perder o sentido de propósito —a não ser que o seu emprego seja a razão de ser da sua vida. Você pode manter o compromisso de viver uma vida com propósito mesmo que o modo de expressá-lo mude. Pessoas como Madre Teresa e Albert Einstein parecem ter preservado a harmonia entre o seu propósito de vida e o seu trabalho durante toda a sua existência. Mas, para muitos de nós, não é isso o que acontece. A motivação de sua vida aos 20 nem sempre é a mesma aos 30, 40 ou 50 anos. O que o faz reavaliar o seu rumo pode ser uma crise — perda de emprego, problemas de saúde, uma morte ou um divórcio — ou simplesmente a passagem do tempo. Nos dois casos, uma mudança de foco manifesta-se como uma mudança de carreira.

Estou no mesmo ramo de atividade há anos. Eu não saberia fazer uma outra coisa.

O ponto de partida é fazer a pergunta mais básica:

QUEM SOU EU?

Há séculos, mestres espirituais têm instruído seus discípulos a meditar sobre essa questão até que surja uma resposta. Para acelerar o processo, sente-se tendo à mão um bloco de anotações e uma caneta. Reflita sobre a questão por alguns minutos, depois comece a escrever. Deixe as palavras fluir; não se censure. Se precisar de estímulo, investigue questões correlatas: *Quais são os meus talentos, dons e pontos fortes? O que gosto de fazer? Quais são as crenças essenciais que orientam a minha vida? Se eu pudesse mudar alguma coisa no mundo, o que eu mudaria?* À medida que você escreve, o seu propósito ou missão pode começar a aflorar, juntamente com a melhor maneira de expressá-lo.

O mundo do trabalho mudou radicalmente. Já não podemos mais levar em conta que vamos passar toda a nossa carreira na mesma empresa ou no mesmo ramo. Questões sobre satisfação no trabalho e propósito de vida estão assumindo um novo tom de urgência. O chamado para despertar que você recebeu é um grande dom.

O que o chamado para despertar tem a ver com trabalho?

A palavra "vocação" vem do latim *vocare*, "chamar". A idéia de que o trabalho é uma vocação, que tem um propósito sagrado, é muito antiga. Algo se perde quando o trabalho não passa de uma troca econômica. Ele não pode deixar de ser uma exploração.

Sinto-me atraído por um trabalho que esteja relacionado com o servir. Mas isso significaria uma grande redução de salário. Estou realmente em conflito entre a vontade de fazer o bem e o desejo de manter um certo estilo de vida.

Você precisa ser honesto consigo mesmo. Quer descobrir quais são suas verdadeiras prioridades? Escreva seu obituário. É bastante fácil responder à pergunta: *De que maneira quero ser lembrado?* Agora tente responder o seguinte: *Estou vivendo dessa maneira?* Raramente conseguimos aquilo que queremos na vida sem desistir de alguma coisa. Maturidade é escolher o caminho para uma felicidade duradoura em detrimento do prazer imediato. Dedique algum tempo para descobrir o que é mais importante para você, e depois deixe que isso seja o princípio organizador de sua vida. Tudo o mais se ajustará a ele.

Eu invejo as pessoas que têm um claro sentido de propósito e nunca se afastam dele. E se eu jamais tiver um átimo de compreensão que me revele a minha verdadeira vocação?

Nem todo mundo tem uma epifania. Eu sempre gostei daquilo que Rilke escreveu para o seu jovem protegido: "*Viva* as questões." Se você se entregar completamente à vida, as respostas virão no devido tempo. O mestre budista Jack Kornfield é famoso por esta sugestão que fez aos aspirantes espirituais: "Encontrem o caminho com o coração." É um bom conselho para descobrir o tema da sua história de vida.

Diálogo **6**: *Outras Pessoas*

CONSTRUIR RELAÇÕES

COMO CULTIVAR OS AMIGOS E A FAMÍLIA

A família, os amigos, os colegas, os conhecidos no café ou bar da esquina — esses relacionamentos são o que enriquece a vida. "Relacione-se apenas!", insistia o romancista E. M. Forster. Faríamos bastante progresso no sentido de criar uma satisfação duradoura se gastássemos mais tempo cultivando a comunidade e menos tempo no escritório.

Eu gostaria de passar mais tempo com a família e os amigos, mas ando muito ocupado em simplesmente ir tocando a vida. Como posso cumprir todas as minhas obrigações e ainda ser justo com as outras pessoas?

Essa é uma questão premente para quase todos neste nosso mundo superampliado. Falamos muito em mudar nossas prioridades, mas então as realidades da vida cotidiana se impõem. Enquanto tentamos conciliar os compromissos no trabalho, em casa e na comunidade, as pessoas mais próximas de nós recebem pouca atenção. Muitas vezes é só quando irrompe uma crise — um dos cônjuges perde o emprego, um parente idoso adoece, um amigo passa por um processo doloroso de divórcio — que ficamos chocados ao perceber o quanto temos descuidado das pessoas que representam tudo para nós.

Porém, você não precisa esperar por um desastre para abrir o seu coração. Comece já. Pense nos relacionamentos importantes na sua vida. Verifique quais precisam de atenção.

Alguma sugestão sobre como fazer isso?

Você pode começar fazendo uma lista das pessoas que lhe são próximas — família, amigos, vizinhos, colegas. Depois liste as pessoas que tornam possível a sua vida, nas circunstâncias atuais — médico, dentista, babá, cabeleireiro, encanador, massagista, consultor espiritual. Examine a lista e faça a si mesma as seguintes perguntas:

ACEITO ESTE RELACIONAMENTO COMO UM FATO CONSUMADO, SUPONDO SIMPLESMENTE QUE ESTA PESSOA ESTARÁ SEMPRE DISPONÍVEL PARA MIM? QUE PASSOS POSSO DAR PARA DESENVOLVER A NOSSA RELAÇÃO?

Depois que você tiver percorrido a lista, pergunte a si mesmo:

O QUE EU TERIA DE MUDAR NA MINHA VIDA PARA DEDICAR MAIS TEMPO AOS OUTROS?

Podemos ter toda a intenção de pôr os amigos e a família em primeiro lugar, mas quando se trata de agir arranjamos mil desculpas para manter a situação atual. Por trás da maior parte dessas desculpas está o medo.

O meu medo é que, se reduzir o ritmo de trabalho para passar mais tempo com a família, vou perder meu emprego. Se eu perder meu emprego, a família vai sofrer as conseqüências. Não tenho escolha.

Perder o emprego é um medo comum, especialmente se uma longa jornada é uma tradição arraigada na sua cultura de trabalho. A mensagem é: *Faça o que o chefe manda, ou você será ignorado para promoção, ou demitido.* Esse risco ainda existe no mundo empresarial, mas as coisas estão começando a mudar. Com um número maior de pessoas que buscam um equilíbrio entre vida e trabalho, até mesmo patrões conservadores estão fazendo concessões para manter bons funcionários.

E se você fosse até o seu chefe e simplesmente explicasse as suas necessidades, juntamente com sugestões sobre como você ainda poderia contribuir, mesmo num horário de trabalho diferente? Você poderia ficar agradavelmente surpreso com a resposta.

Digamos que o seu chefe aprove inteiramente o seu pedido e permita que você mantenha o seu emprego trabalhando menos horas. Agora que você dispõe de mais tempo para a família e os amigos, com certeza eles aumentarão as exigências com relação a você. Como é que você vai lidar com essa situação?

Hum. Eu não tinha pensado nisso. Estou acostumado a ser a única a decidir quando e onde nos reunimos. A questão é, como posso me tornar mais disponível sem virar capacho?

Essa é a tensão que existe em qualquer relacionamento. Para ficar mais próximos dos outros, temos de flexibilizar nossos limites. Mas não os podemos anular completamente, ou nos tornaremos co-dependentes. Limites emocionais são como a membrana em torno de uma célula – porosa o bastante para permitir uma troca de informações, nutrientes e energia com as células vizinhas, mas forte o bastante para manter a integridade do indivíduo. Se você não sabe como se proteger no nível energético, pode ser que você se sinta irritado ou esgotado depois de estar com determinadas pessoas. Passar mais tempo com os outros vai lhe dar uma oportunidade não só de aprofundar vínculos emocionais, mas também de criar limites saudáveis.

Como se criam limites?

Uma das maneiras é aprendendo a dizer não, sem culpa ou medo de rejeição. Se você está procurando cultivar um relacionamento, que você particularmente negligenciou, é tentador ser solícito em excesso, até mesmo chegar ao auto-sacrifício. Mas você acaba ressentido, e a outra pessoa recebe a mensagem de que você é uma galinha-morta. Desfazer um relacionamento em que haja exploração é muito mais difícil do que se certificar logo de início de que ele não se desenvolva.

A maioria de nós é particularmente suscetível às exigências dos filhos e de pais idosos. Queremos que nossos filhos sejam felizes, e temos um forte sentido de obrigação para com nossos pais, que cuidaram de nós quando éramos jovens. Mas também nesse caso, manter limites saudáveis é essencial para construir relacionamentos afetuosos. Os filhos precisam de limites para crescer e progredir; a sensação de segurança deles vem do fato de se manterem dentro de limites seguros.

Mas, e quanto aos meus pais? Não posso virar as costas para eles agora que precisam de mim, mas me sinto incomodado com a maneira como o nosso relacionamento está mudando.

Sem dúvida. É difícil observar nossos pais perderem a vitalidade e se tornarem dependentes. Afinal de contas, eles têm o dever de nos consolar. Sem criar uma história de culpa para si mesmo, verifique se consegue tratá-los como trataria qualquer outra pessoa necessitada. Tenha compaixão pelos seus sentimentos de impotência e humilhação, o seu medo de enfermidade e morte. Pense talvez em passar um feriado junto deles, ou compartilhar um projeto que faria com que você se aproximasse mais deles, como produzir juntos uma história oral da família ou um álbum de fotos digitais. Ponha de lado antigas mágoas e ressentimentos, e permita-se estar totalmente presente. Esta é uma oportunidade muito rara de retribuir aos seus pais.

Eu gostaria de fortalecer também as minhas relações fora da família. Mas as pessoas podem ser tão inconseqüentes que às vezes parece que isso não vale a pena.

É verdade que as pessoas podem ser inconseqüentes às vezes, mas elas podem ser também generosas e responsáveis. Um dos maiores desafios em cultivar qualquer tipo de relação consiste em aceitar o fato de que não temos controle sobre os outros. Já temos bastante dificuldade em cuidar de nós mesmos, mesmo assim insistimos em pensar que se as outras pessoas fizessem aquilo que queremos, tudo se resolveria entre nós.

É uma prática muito útil investigar a verdade de um relacionamento de modo que se possa resolver qualquer conflito entre as partes. Pense em alguém que tenha irritado, magoado ou desapontado você recentemente. Escreva o nome dessa pessoa num pedaço de papel, depois escreva as razões por que você se sente assim. Seja específico sobre o que aconteceu. Enquanto reflete sobre a situação, pergunte a si mesmo de que maneira você pode ter contribuído para ela. É provável que, a princípio, você negue qualquer responsabilidade; é muito mais fácil achar que os outros o trataram mal do que reconhecer os seus próprios motivos e comportamento. No entanto, quando você examinar o problema, talvez comece a perceber que desempenhou um papel sutil nele — uma palavra mal escolhida, uma negligência esquecida, um fracasso em deixar claras as suas intenções. Quando você se dá conta desse papel, alguma coisa muda, e o outro lado da história passa a ser o centro da atenção. A pessoa que você demonizou se torna humana.

"Saia da roda do tempo e venha para a roda do amor."
RUMI (1207-1273)

Tudo bem, estou me sentindo menos culpada e menos ressentida com relação a essa pessoa. Mas de que modo isso me faz querer procurar me comunicar com os outros?

Uma vez que reconhecemos a humanidade de alguém, podemos nos solidarizar com ela e sentir compaixão pelo seu sofrimento. Compreendemos que, assim como nós, os outros também são falíveis e, às vezes, podem ser irritantes e perniciosos, mas que, no fundo, compartilhamos o mesmo desejo básico de sermos felizes. Essa é a verdade fundamental que nos liga a todos, em todos os lugares.

Quando finalmente entendemos que estamos ligados a todos os seres, isso nos dá um alívio. Sentimo-nos livres para buscar contato com qualquer pessoa, seja um amigo ou um estranho. Temos a sensação de que fazemos parte do mundo. Podemos sentir prazer com as nossas diferenças e, ao mesmo tempo, procurar refúgio em nossa própria "tribo". Quando somos capazes de sustentar nossas opiniões sem depreciar as dos outros, todos ficam satisfeitos.

Diálogo **7**: *Tempo*

A CAVERNA E O BOLSO

COMO ENCONTRAR UM PONTO DE EQUILÍBRIO
ENTRE PASSADO, PRESENTE E FUTURO

Pode ser que nunca tenhamos tempo de sobra, mas podemos viver demasiadamente no passado ou no futuro. Para encontrar a paz, precisamos achar um equilíbrio entre as recordações do passado e a imaginação do futuro. Nem arrependimentos nem expectativas estragarão o presente se você tomar como exemplo a imagem da caverna e do bolso.

Continuo refazendo algumas opções de vida que fiz anos atrás. Quando não estou me preocupando com o futuro, sinto que estou lamentando o passado ou desejando que eu pudesse revivê-lo! Como posso parar de repisar o passado e desfrutar a vida no momento presente?

Mantenha o passado numa caverna, o futuro além do horizonte e deixe que o presente se afigure tão grande que você só consiga enxergar além dele se você se esticar deliberadamente para dar uma espiada.

O passado numa caverna? Isso tem um quê de dissimulação.

Bem, uma caverna é um lugar maravilhoso para esconder um tesouro. Você não iria querer ir lá todos os dias — o ambiente é um pouco úmido e bolorento — mas é sempre bom saber que você tem algo valioso escondido ali.

O que há de tão valioso no passado? Não é apenas um monte de enganos empilhados como cepos envelhecidos?

Nossas lembranças são importantes porque elas traçam uma linha de continuidade por meio de todas as mudanças por que passamos. Reviste todos os cantos da caverna e você vai descobrir um tesouro — alguma época feliz que faz você sorrir sempre que se recordar dela. Escarafunche um outro canto e você vai topar com alguma asneira — algum ato errado que faz você estremecer. Mas mesmo os piores enganos não devem fazer você recuar se você se lembrar das lições que aprendeu com eles.

E quanto aos erros que continuo cometendo? A armadilha que nunca aprendi a evitar?

Retire o erro da caverna. Reduza-o a um fac-símile em miniatura de si mesmo. Carregue a imagem no seu bolso como um talismã — um lembrete para que você não o repita. Sempre que sentir que está caindo na armadilha, enfie a mão no bolso e sinta o formato nítido e áspero desse erro entre os dedos. Deixe que esse gesto repila a gradual aparição do erro.

Tudo bem, eu entendo o que você está dizendo sobre os erros do passado. Mas e quanto à felicidade do passado? Também não convém exagerar lembranças felizes.

Pessoas que vivem no passado criam seus próprios fantasmas. A nostalgia é um vampiro. Você se lembra da senhorita Havisham, a velha solteirona amargurada em *Grandes Esperanças*, de Dickens? Abandonada pelo noivo no dia do seu casamento, ela continua a vagar pela obscura mansão no seu vestido de noiva, prisioneira do passado.

Brrr. Essa imagem me dá calafrios. Então não se consegue ser feliz apegando-se ao passado. Mas e com relação ao futuro? Com certeza é bom viver com esperança, não é?

Claro que sim. "A esperança é o licor que impede a vida de estagnar", disse o romancista Samuel Richardson. Sem esperança nós nos tornamos indiferentes ou desesperados, o que nos leva aos descaminhos. A indiferença não faz justiça às preciosas bênçãos que a vida nos oferece, e o desespero se transforma facilmente numa espiral de autopiedade ou numa paralisia emocional. Sem dúvida nenhuma, a esperança é fundamental. Às vezes nos sentimos oprimidos pelos acontecimentos e achamos que nada jamais vai mudar para melhor. A esperança nos faz prosseguir, contra todas as expectativas.

Mas, atenção: nunca devemos usar a esperança como um amortecedor contra a realidade. Tudo bem que ela seja um elemento do nosso sistema de apoio, mas depender demais dela é provocar um desastre. A falsa esperança — acreditar que tudo vai se resolver num passe de mágica, sem nenhum esforço de nossa parte — é uma tolice infantil. Elevar demais as nossas esperanças é também uma receita para a catástrofe. Todos nós sabemos como é ficar desapontado. Imagine a intensidade desse desapontamento quando, depois de investir toda a sua energia positiva na esperança, as coisas não acontecem conforme o esperado. É arrasador!

Mas um momento atrás você disse que era bom que a esperança fosse um elemento de nosso sistema de apoio. O que você quis dizer com isso?

A esperança direciona nossos pensamentos para aquilo que é possível. Ela é "a coisa com plumas / Que se empoleira na alma", como escreveu a poeta Emily Dickinson. As pessoas pegas em situações que a maioria de nós acharia completamente desesperadas ainda conseguem encontrar sentido e alegria na vida. O físico teórico Stephen Hawking não consegue se mexer nem falar — ele tem Esclerose Lateral Amiotrófica (ELA) — mas sua mente livre nunca pára de procurar novos horizontes científicos. O ator Christopher Reeve, que ficou paraplégico num acidente de equitação, tornou-se um defensor apaixonado da pesquisa de medula espinhal — bem como um modelo para os atores presos a uma cadeira de rodas. Helen Keller transformou a vida dos cegos e surdos.

Felizmente, a maioria de nós não depara com tais extremos. Como podemos usar a esperança como um elemento de apoio e ainda assim fazer a nossa parte na criação do futuro?

Só o que podemos realmente controlar é o que está acontecendo aqui e agora. O passado e o futuro se equilibram no ponto de articulação do presente. Você já viu como a imagem da caverna e do bolso pode levá-lo adiante a partir do passado. E você se recorda da minha sugestão de manter o futuro além do horizonte e deixar que o presente se afigure tão amplo que você não consiga enxergar além dele se não se esticar realmente?

> "A verdadeira generosidade para com o futuro
> consiste em dar tudo ao presente."
>
> ALBERT CAMUS (1913-1960)

A prática da observação é uma maneira de se desvencilhar do futuro, de modo que o presente surja em toda a sua grandeza. Observar significa simplesmente prestar atenção à sua experiência do momento. Conscientize-se das sensações em seu corpo e das idéias que lhe passam pela mente. Apenas observe seus pensamentos sem segui-los nem tentar controlá-los, e eles seguirão em frente por si sós.

Estou começando a perceber que, afinal de contas, o tempo não é o inimigo. É a mente que me cria problemas quando ela se extravia para o passado e para o futuro como um cão que escapou da coleira. Então, se eu realmente procurar me fixar no presente, serei muito mais feliz, não?

Mais bem-aventurado, eu diria.

Diálogo **8**: *Aceitação*

A SABEDORIA DOS LIMITES
COMO SER FELIZ COM O QUE EXISTE

Mesmo que nós não possamos mudar a realidade de uma situação, podemos escolher a nossa reação. O sábio sabe quando ser pró-ativo e quando deixar que as coisas sejam como são. Quando paramos de tentar controlar a vida — e as outras pessoas — as portas se abrem, milagres acontecem e o mundo se torna mais acolhedor. O caminho da menor resistência leva à felicidade.

Trabalho como voluntário para uma obra assistencial com uma equipe de pessoas maravilhosas e comprometidas. Mas estou ficando impaciente com a resistência delas a novas idéias. Conto com muita experiência, mas elas continuam fazendo oposição às minhas propostas. Como posso fazer com que elas enxerguem a luz?

Não é um aborrecimento quando temos certeza de que sabemos o que é melhor, mas os outros se recusam a concordar com as nossas idéias? Quanto mais eles se opõem, mais nós pressionamos. Quanto mais nós pressionamos, mais eles se opõem. É um beco sem saída. Dificilmente é esse o jeito de conseguir que alguma coisa seja feita. Por mais certo que você ache que está — e que os outros estão errados —, quando você se encontra num impasse, o recado é claro: Pare. Não faça nada. Alguma coisa não está funcionando e, enquanto você não encontrar um jeito novo de abordar a questão, impor o seu ponto de vista sobre o assunto em pauta só vai agravar a situação. Todo problema tem uma solução, mas quando as opiniões estão muito polarizadas, ninguém consegue vê-la com clareza. Aceite a realidade da situação — de que não há consenso entre vocês — e você abrirá o caminho para que surja uma resposta.

"Não queiras que as coisas aconteçam segundo tua vontade, mas deseja que aconteçam como devem, e terás uma vida tranqüila."

EPITETO (C. 55 – C. 135 D.C.)

Mesmo que eu aceite a idéia de que não há consenso entre nós, não é da minha natureza ficar sentado sem fazer nada. Eu não deveria organizar encontros nos quais a equipe poderia apresentar sugestões para estimular novas idéias?

Você não consegue deixar de se intrometer, não é mesmo? "Não fazer nada" significa exatamente isso. Existe um provérbio maravilhoso no *Tao Te Ching*:

"ÁGUA TURVA, QUANDO PARADA, SE TORNA CLARA."

Se você ficar parado, sem se precipitar e tentar arrumar a bagunça, uma situação poderá se resolver por si só. Esse ponto de vista é muito estranho para nós ocidentais, convictos de nossa capacidade de resolver tudo. No Japão, uma decisão implica reunir todos os dados, examiná-los de todos os ângulos e depois deixar que surja a melhor resposta. Nós, aqui, tendemos a projetar o que *deve* acontecer, com base em situações semelhantes no passado e depois fazer com que a situação atual se adapte. Você tem uma oportunidade maravilhosa de aceitar as coisas como são e verificar as possibilidades que surgem, em vez de tentar submeter o resultado à sua vontade.

Você está dizendo que, independentemente do que estiver acontecendo, devemos aceitar cada situação do jeito que ela é? Parece-me que há momentos em que ser passivo pode ter conseqüências nocivas.

Se um prédio estiver desmoronando, não espere por um consenso antes de evacuá-lo. Mas a vida não é sempre uma emergência. Aceitar a realidade do momento é o ponto de partida lógico para a mudança. Só quando sabemos onde estamos é que podemos ver para onde vamos.

Tenho uma amiga que está sempre fazendo dieta sem sucesso. Não será por que, em parte, ela não quer aceitar o seu corpo assim como ele é?

Muitas pessoas têm a noção equivocada de que se aceitarem as coisas como elas são, estão admitindo a derrota. É exatamente esse o oposto do modo como funciona a aceitação. Quando você reconhece plenamente uma situação, você está livre para tomar decisões e fazer julgamentos a respeito dela. Se a balança está indicando 70kg, você pode decidir se quer fazer uma dieta ou começar a praticar exercícios, ou as duas coisas, e depois estabelecer uma meta passível de ser alcançada e que leve em conta sua idade, tipo corporal e estilo de vida.

Então, se eu tenho clareza a respeito disso, devo ser capaz de mudar qualquer coisa quase completamente?

Essa é uma conclusão interessante. Pelo seu raciocínio, toda mulher, se tiver bastante força de vontade e fizer uma pequena cirurgia plástica, poderá ter um corpo como o de Halle Berry. A Oração da Serenidade diz:

"DEUS, DAI-ME A SERENIDADE PARA ACEITAR AS COISAS QUE NÃO POSSO MUDAR, A CORAGEM PARA MUDAR AS COISAS QUE POSSO MUDAR E A SABEDORIA PARA RECONHECER A DIFERENÇA ENTRE ELAS."

Aceitação exige que nós consideremos todas as três, mas a sabedoria é o fator crucial. Você está agindo em harmonia com a realidade, ou se opondo teimosamente a ela?

Existe, pois, algum tipo de teste para determinar o que pode ou deve ser mudado?

Nós costumamos esquecer o lado bom da aceitação: ela aciona a nossa capacidade de tomar decisões e agir por conta própria. "Fatalismo é a preguiça do ser humano em aceitar o inevitável", disse a romancista Natalie Clifford Barney. A pessoa empreendedora considera o inevitável como um desafio: *Como posso levar uma vida boa dentro dessas limitações?* O livro de Anita Roddick, *A Revolution in Kindness*, nos apresenta Herman Wallace, que cumpre prisão perpétua em Angola, uma penitenciária notoriamente brutal na Louisiana. A defensoria pública fez com que Wallace fosse parar numa ala de segurança máxima onde os internos viviam constantemente atacando uns aos outros, física e verbalmente. Procurando um meio de aliviar a tensão, Wallace teve uma idéia: ele organizou um campeonato de xadrez do qual os prisioneiros poderiam participar, embora confinados às suas celas. Os detentos faziam grosseiros tabuleiros de xadrez de papel, e enquanto cada dupla de jogadores gritava os seus lances, os outros acompanhavam as jogadas nos seus próprios tabuleiros improvisados. O resultado foi surpreendente. As hostilidades dissolveram-se em competição amistosa, e arquiinimigos começaram a conversar uns com os outros. Significativamente, não foram as autoridades prisionais, mas sim um detento quem bolou uma solução. Pessoas que enxergam possibilidades mesmo na mais dura realidade conseguem encontrar a felicidade em quase toda parte.

Diálogo **9**: *Valores*

VIVA A SUA VERDADE
COMO ENCONTRAR A SUA BÚSSOLA MORAL

Os seus valores contam a sua história de vida. Suas ações, palavras, pensamentos e orações dizem tudo sobre os princípios que o norteiam. Onde está o verdadeiro norte de sua bússola moral? Sejam quais forem os desafios que você enfrentar, seguir a sua consciência pode ajudar você a permanecer no caminho para a felicidade. Afinal, o que conta é o caráter.

Tenho a impressão de que todos os dias eu fico sabendo pela mídia que mais um político ou executivo de alguma empresa foi pego mentindo, cometendo uma fraude ou roubando. No trabalho, eu vejo colegas matando o serviço, falsificando resultados ou desperdiçando tempo na empresa. Em casa, eu tenho que ficar repetindo para os meus filhos que copiar a lição de casa dos colegas está errado. A gente não pode nem mesmo confiar no governo e nos nossos líderes religiosos. Será que a moral está em processo de queda livre?

Parece que há uma mudança radical nos padrões morais. Mas é difícil saber se as coisas estão piores ou se parecem piores porque mais casos de má conduta estão vindo a público. Com tantas fontes de notícia hoje em dia, nada fica oculto. O que há de bom nessa transparência é que ela retira os privilégios de indivíduos e também de instituições. Somos todos levados a prestar contas da nossa conduta, a esclarecer os nossos padrões. Lembra daquele velho ditado: "Quando você aponta um dedo para alguém, há quatro dedos apontando de volta para você"? Estamos sendo forçados a olhar para nossas próprias improbidades: como matamos o serviço, falsificamos a verdade, mentimos para os outros e para nós mesmos. Os acontecimentos no mundo são sempre um reflexo daquilo que se passa no coração humano. Perceber o lado sombrio da humanidade nos faz confrontar nossos aspectos menos agradáveis.

> *"Em matéria de princípios, posicione-se
> como uma rocha; em matéria de gosto,
> nade a favor da correnteza."*
>
> THOMAS JEFFERSON (1743-1826)

Portanto, quando eu vir outros fazendo algo que não aprovo, devo ficar quieta já que eu também não sou perfeita?

Pode haver alguma conduta imprópria que você se sinta obrigada a relatar. Em certos casos — como maus-tratos a uma criança ou a uma esposa — você não deve hesitar. No entanto, a maior parte do que encontramos não se enquadra na categoria das emergências. Cada situação precisa ser pesada com cuidado. Você não denunciaria sua firma por fraude contábil a não ser que tivesse absoluta certeza de que poderia comprovar suas alegações — e estivesse preparada para lidar com as repercussões negativas da sua ação. Do mesmo modo, é melhor que você tenha uma couraça de ferro — e uma razão muito forte — para expor um amigo ou colega de trabalho por algo que infrinja o seu código moral. Do ponto de vista deles, eles podem não estar fazendo nada de errado.

Nesse caso, a moralidade é relativa? Se o que é tabu para mim, ou para a minha família, ou para a minha cultura, pode ser aceitável para outros, devemos simplesmente "viver e deixar viver"?

Estamos vendo as conseqüências, mesmo num nível mundano, do que acontece quando sistemas de crenças conflitantes competem pela supremacia moral e condenam outros modos de pensar. Ao longo da história, o raciocínio branco-e-preto, o bem contra o mal, tem levado ao conflito. Quase todas as grandes religiões têm travado guerras santas, com poucas exceções. Os budistas e os jainistas têm mantido, com muita consistência, a ética da não-violência para com todos os seres. Os devotos jainistas usam inclusive máscaras cirúrgicas para não inalar criaturas microscópicas. Viver dessa maneira não é para todo mundo, mas o princípio de reverência pela vida é algo que todos nós poderíamos endossar.

Você está sugerindo que, em vez de me preocupar com os valores das outras pessoas, eu deveria examinar os meus?

Não há lugar melhor para começar. Examine de fato as qualidades ou os princípios que você valoriza acima de tudo. Escreva-os. Sua lista inclui qualidades como lealdade, respeito, generosidade, coragem, afeto? Talvez você se incline para as quatro virtudes cardeais — prudência, justiça, temperança, constância — esposadas por Platão e, mais tarde, pela Igreja Católica. Talvez você defenda a justiça social — liberdade, igualdade, democracia, direitos humanos. Sua tradição espiritual pode ter um código de conduta que você aprecie muito, como os

Dez Mandamentos, ou os preceitos budistas. Qual é o seu limite absoluto — valores contra os quais você não se oporia pela família, pelos amigos ou pelo país?

Eu tenho princípios pelos quais aspiro viver, mas muitas vezes eu deixo de segui-los. Por exemplo, a verdade é uma das minhas virtudes cardeais, mas eu sei que minto.

Ninguém é perfeito. Valores são ideais pelos quais batalhamos. E a verdade, como a maioria dos valores, tem muitos nuances de significado. A verdade existe como integridade — preservar seus valores em tudo o que você faz. E existe a verdade como a palavra correta. Raramente dizemos *toda* a verdade. Ser brutalmente sincero com outros pode ser destrutivo, porém nunca conseguimos ser demasiado sinceros com nós mesmos. Verdade implica ver as coisas como elas são. Precisamos aprender o que significa verdade para outras pessoas, para outras sociedades. Sob um regime totalitário, a "verdade" é tudo aquilo que os que estão no poder dizem que ela é — uma idéia abominada por qualquer pessoa que tenha valores democráticos. É fundamental reconhecer de que maneira o seu sistema individual de valores difere do de outras pessoas.

Eu não violo o meu código moral tanto quanto faço alguma concessão aos meus valores, aqui e ali. Fazer fofoca, por exemplo, faz parte da minha lista de proibições. Até mesmo dizer coisas boas sobre alguém que não está presente me incomoda. Mas às vezes eu nem sequer sei dizer se se trata de fofoca ou não.

Existe uma tênue linha divisória entre fofoca e notícia. Alguns sociólogos argumentam que a fofoca sem má intenção é um instrumento importante de interação social — uma maneira de criar laços com os outros e de trocar informações. Mas se ela a incomoda, não a use. Você tem essa opção. Descubra uma maneira polida de dizer que você prefere limitar a conversação às pessoas que estão presentes.

Um comportamento que faz você se sentir culpada provavelmente viola um dos seus valores fundamentais. O mero fato de outras pessoas fazerem alguma coisa ou acreditarem nela não a torna correta — ou correta para você. Algumas pessoas são exemplos de valores estimáveis em algumas áreas da vida, mas completamente mal-educadas em outras. Pense nos políticos que dedicam a vida inteira ao serviço público, enquanto mentem para suas mulheres. Reciprocamente, você pode fazer todas as coisas "certas", embora por motivos execráveis e egoístas.

O QUE IMPORTA É A INTENÇÃO.

Parece que agora você está dizendo que, afinal, os valores não são relativos. Existem valores que todos nós compartilhamos?

Quase todas as sociedades condenam o assassinato — a matança ilegal. Mas em seguida mudamos de opinião e justificamos a pena de morte e a guerra. Algumas sociedades sancionam o ritual de assassinato de uma esposa ou filha adúltera. Até pacifistas podem desculpar "a matança de uma pessoa para salvar muitas" — impedir, digamos, um terrorista de explodir um edifício. Felizmente, a maioria dos dilemas morais não é uma questão de vida ou morte. Cada dia nos oferece inúmeros pequenos momentos em que nossos valores são postos à prova. Na maior parte do tempo, nem sequer temos consciência do cálculo moral que dirige o nosso comportamento.

Os valores são como o giroscópio num avião. Nós mudamos constantemente de curso, e em seguida nossos valores fazem uma correção de rumo. Valores claros asseguram um percurso mais calmo. Ao mesmo tempo, não podemos ficar tão apegados aos nossos princípios a ponto de sermos incapazes de ter uma reação adequada. Quando a minha melhor amiga de infância teve uma crise aguda de diabetes e entrou em coma, ela quase morreu porque a religião dos seus pais proibia qualquer tratamento que não fosse a cura pela fé. Minha mãe levou-a depressa para o hospital. Ela sobreviveu, e seus pais cumpriram com o seu dever aplicando as injeções de insulina de que ela precisava. No final das contas, eles perdoaram minha mãe e lhe agradeceram por ter intervido. Mas você pode perceber o risco que a situação implicava e como muitos valores diferentes entraram em conflito apenas nessa única situação.

Eu entraria em pânico no caso de uma intervenção. E se a menina tivesse morrido? Os pais teriam responsabilizado a sua mãe, talvez até a teriam processado. E sua mãe se sentiria terrivelmente culpada. O que pode nos ajudar a tomar graves decisões morais?

Vivemos numa época de tantos litígios que até os médicos hesitam em se comprometer. Contudo, para muitas pessoas, a fé num poder superior ou um forte sentimento de compaixão lhes dá força para correr o risco de fazer o que acham certo. A maior parte das religiões tem regras ou parâmetros que servem de orientação para a tomada de decisões morais. Porém, nem mesmo um código moral talvez dê conta de todas as contingências. É aí que entram a prece, a meditação e outras práticas de centramento. Quando nos conectamos com o eu profundo e com qualquer divindade na qual cremos, somos orientados para a ação correta.

Os valores são irrelevantes se não os incorporamos. Eles formam a medula moral que nos permite enfrentar os desafios da vida.

Diálogo **10**: *Abundância*

A VERDADEIRA RIQUEZA

QUANTO É SUFICIENTE?

Não medimos esforços para ganhá-lo, obtê-lo, herdá-lo, gastá-lo. O dinheiro, nós achamos, é a resposta a todos os nossos problemas. Mas será? Serão mais felizes os ricos? Uma sorte inesperada mudaria a nossa vida? A verdade por trás dos mitos do dinheiro vos libertará. A verdadeira riqueza não é o seu saldo bancário: é um sentimento de abundância.

"Dinheiro não compra felicidade." Quantas vezes já ouvi essa frase! Mas ter um pouco mais de dinheiro certamente aliviaria a pressão, pelo menos. Eu gostaria de liquidar minhas dívidas e reservar alguma coisa para o futuro. Muitas outras pessoas não pensam assim?

O dinheiro parece ser a principal preocupação de quase todo mundo nos dias de hoje. Se não o temos, nos preocupamos em obtê-lo. Se o temos, nos preocupamos em mantê-lo. Famílias brigam por ele. Casamentos se fazem — e se desfazem — por causa dele. Carreiras giram em torno dele. Quase ninguém é indiferente a ele. E você ainda está convencida de que ele faria você feliz?

Bem, um pouco mais feliz, de qualquer modo. Ter uma sorte inesperada ou ganhar na loteria seria ótimo. Num de seus programas de TV, Oprah Winfrey deu um Pontiac novinho a cada pessoa do auditório. Você não acha que 276 pessoas foram muito felizes?

Muitas, sem dúvida, o foram. Outras leram as cláusulas impressas em letras miúdas e perceberam que teriam de pagar impostos pela sorte inesperada. Outras ainda aparentemente foram obrigadas a vender o carro para pagar as contas. Vamos ser realistas por um momento. Uma sorte inesperada não é nenhuma garantia de felicidade. Um estudo sobre ganhadores de loteria constatou que eles não eram mais felizes do que as pessoas que não ganharam. Além disso, um número desproporcional de ganhadores continuou a acumular dívidas enormes; alguns até acabaram na justiça por falência. O sociólogo Tim Kasser descobriu que as pessoas que só se interessam em ter dinheiro e posses são, na verdade, mais infelizes do que aquelas que não se interessam. Outra pesquisa demonstra que, como é de se esperar, os pobres não são tão felizes como as pessoas de recursos até modestos. Todavia, uma vez satisfeitas as nossas necessidades básicas, um volume maior de dinheiro não aumenta o bem-estar. Nos últimos cinqüenta anos, o padrão de vida nos Estados Unidos da América dobrou — mesmo assim a satisfação de vida permaneceu a mesma. Até os super-ricos são apenas ligeiramente mais felizes do que qualquer outra pessoa. A conclusão é que, apesar de toda a nossa obsessão com dinheiro — em obtê-lo, gastá-lo, poupá-lo, investi-lo — o fato de possuí-lo não tem quase nenhum efeito sobre a nossa felicidade.

> **A VERDADEIRA RIQUEZA NÃO SE MEDE POR ATIVOS OU FLUXO DE CAIXA E SIM PELO NOSSO SENTIMENTO DE OPULÊNCIA.**

Se somos tão ricos quanto nos sentimos, o que é riqueza e o que é preciso fazer para nos sentirmos abastados?

O filósofo budista Nagarjuna chamou o contentamento de a maior forma de riqueza. Para Jacob Needleman, professor de filosofia da San Francisco State University, "a única riqueza verdadeira é uma vida consciente". Infelizmente, muitos de nós somos inconscientes com relação ao dinheiro. O assunto é motivo de tanta ansiedade que nós o ignoramos completamente. Isso, porém, nos torna suscetíveis a todo canto de sereia da nossa cultura materialista. Lembra quando ainda estávamos em estado de choque com o 11 de setembro e o presidente Bush declarou que era nosso dever patriótico ir às compras? Por mais louca que fosse a sugestão, ela apenas repercutia a atitude predominante:

> **"QUANDO AS COISAS ANDAM MAL, OS MAIS FORTES VÃO FAZER COMPRAS."**

Infelizmente, gastar dinheiro para levantar o moral ou — que Deus nos ajude — a economia, é uma forma insidiosa de autodestruição.

Eu me meto em apuros sempre que tento fazer todo o possível para me manter no mesmo nível de outras pessoas. Eu gasto em excesso, contraio dívidas, e puf... lá se vai a felicidade.
Os valores materiais distorcem o nosso modo de pensar. Perdemos o contato com a noção de valor real. Para entender como o valor funciona, visite um país estrangeiro. Quando você está fazendo compras numa moeda estranha, o dinheiro aparece desprendido da avaliação a que você está acostumada. Você é forçada a decidir o valor das coisas pelo quanto elas valem para você, não pelo que indicam as etiquetas de preço. "Caro" e "rico" são valores relativos. Uma pessoa pode se sentir rica quando o seu abono de fim de ano eleva o seu rendimento para seis dígitos, enquanto uma outra chora miséria com um rendimento líquido de $20 milhões. A raiz profunda da palavra *wealth*, "riqueza", em inglês, é *wish*, "desejo". Dinheiro sempre carrega um componente de desejo.

Eu aceitei meu atual emprego por causa do salário. Mas agora o pagamento já não parece tão bom assim, e eu me pergunto se vale a pena fazer um trabalho de que eu não gosto só por dinheiro.
Infelizmente, nem sempre é prático seguir os nossos sonhos. O lema da Nova Era "Faça o que você gosta e o dinheiro será um resultado disso" contém uma falsa promessa. Simplesmente pergunte a todos os artistas e escritores que sustentam a sua arte com tarefas mundanas. O dinheiro distorce as nossas atitudes com

relação ao trabalho e vice-versa. Em *The Happiness Paradox*, Ziyad Marar cita uma pesquisa que mostra que as pessoas que fazem trabalho voluntário são menos felizes quando são pagas para fazer o mesmo trabalho. A maior parte das pessoas não tem outra escolha a não ser trabalhar por dinheiro, mas trabalhar estritamente pelo cheque de pagamento ainda é, para a maioria de nós, cruel e aviltante.

> "O meu reino não é o que eu possuo,
> mas sim o que eu faço."
>
> THOMAS CARLYLE (1795-1881)

Se eu aceitasse um emprego que me desse prazer, provavelmente eu ganharia menos e não teria condições de comprar as coisas de que gosto e preciso. E então?

Então você teria de perguntar a si mesma: *Do que realmente eu preciso?* Estamos começando a questionar nosso caso de amor com "posses". Uma pesquisa realizada por Leaf Van Boven e Thomas Gilovich sugere que, atualmente, as pessoas extraem mais felicidade das experiências do que das coisas. "Pode-se viver melhor fazendo coisas do que tendo coisas", concluíram os pesquisadores.

Mas de que modo nós realmente sabemos quanto é suficiente?

Em *Nothing Left Over*, a autobiografia da vida muito bem organizada de Toinette Lippe, a autora observa que durante anos seguiu a conhecida máxima:

MENOS É MAIS.

Depois ela foi para Cuba e ali descobriu que:

**MENOS NÃO ERA MAIS.
MENOS ERA APENAS O BASTANTE
PARA SOBREVIVER.**

Lippe sugere que se mude o provérbio para

MENOS É O BASTANTE.

Do que realmente precisamos, diz ela, é "tudo o que for suficiente para lidar com a situação em que nos encontramos".

Mas "apenas o bastante" poderia significar uma vida paupérrima, não poderia?

Talvez estejamos examinando a questão de maneira errada — preocupando-nos com quanto menos teríamos, em vez de perceber o que ganharíamos tendo menos com o que nos preocupar. Conforme Lynn Twist, autora de *The Soul of Money*, assinala: "Quando você pára de correr atrás do que não precisa, você libera uma tremenda energia para fazer mais com o que tem e o que você tem cresce." Isso vai direto ao âmago da verdadeira prosperidade. Em *Your Money or Your Life*, a bíblia do movimento por uma vida simples, Joe Dominguez e Vicki Robin apresentam um cálculo para determinar seus verdadeiros rendimentos fatorando-os pela energia vital que você despende ao ganhá-los. É provável que o resultado seja um choque. O modo como você vive está lhe dando a vida que você deseja? Muitos de nós teríamos de responder que não. O que não entendemos é que se tomássemos uma decisão em favor da verdadeira riqueza, poderíamos ter menos dinheiro, mas acabaríamos levando uma vida muito mais rica.

Diálogo **11** : *Beleza*

A CONEXÃO COM O PRAZER
COMO DESPERTAR OS SENTIDOS

Beleza é mais do que somente um rosto bonito. Thomas Mann chamou-a de "a única forma do espiritual que podemos receber com os nossos sentidos". Quer você a encontre numa pessoa ou num par de sapatos, numa obra de arte ou num ato de coragem, a beleza causa prazer que comove o coração.

Li que as pessoas bonitas são mais felizes. Onde isso deixa o restante de nós?

É verdade que as pessoas bonitas parecem levar vantagem. Estudos mostram que elas são mais populares, ganham mais dinheiro e são percebidas como mais espertas, mais sensuais e mais competentes pelos pais, professores, chefes e amantes. Antes, porém, que você programe uma mudança completa do seu visual, reflita com atenção no que mais a pesquisa descobriu: apesar de todas as suas vantagens, as pessoas muito atraentes são apenas ligeiramente mais felizes do que as outras.

Portanto, se você não é uma réplica exata de Nicole Kidman ou de Hugh Grant, relaxe. Volte a sua atenção para o que você gosta de fazer e quer alcançar e para o cultivo de relações íntimas, pois o outro lado da equação é que as pessoas que são felizes irradiam beleza — o tipo de beleza que não depende de um queixo bem talhado ou de um nariz perfeito.

Quer dizer que minha mãe estava certa quando dizia que a beleza vem de dentro?

Até mesmo pessoas muito atraentes pensam assim. Uma jovem e bela atriz disse recentemente numa entrevista:

> "PESSOAS BONITAS NEM SEMPRE SÃO PERFEITAS. É PRECISO TER UMA BELA ALMA, E NENHUM DINHEIRO COMPRA ISSO."

Então, a beleza está nos olhos de quem vê, ou existem padrões com que todo mundo concorda?

Filósofos e cientistas têm debatido essa questão há séculos. Mas agora pesquisadores identificaram traços que as pessoas em todo o mundo acham atraente. A simetria é um deles. Pense no ator Denzel Washington — quase unanimemente reconhecido como um bonitão. Os lados direito e esquerdo do rosto dele são quase idênticos. A maioria de nós não tem tanta sorte.

Ao mesmo tempo, sabemos por experiência que o que nos atrai em outras pessoas tem um componente pessoal que nem sempre somos capazes de explicar. Há coisas que eu e você achamos belas e que outros não acham.

Você quer dizer, como o meu cachorro? Ele é da raça Shar-Pei. Eu olho para ele e vejo uma espécie nobre de beleza; meus amigos vêem apenas uma massa de dobras. Um cão, no entanto, não é uma cantata de Bach ou a Mona Lisa. A maioria das pessoas não acharia bonitas as obras-primas?

Só porque alguma coisa é considerada uma grande obra de arte isso não significa que todos a achem bela. Quais são os critérios que você está usando para julgá-la? O poeta A. E. Housman afirmou que a maioria de nós, quando dizemos gostar de um poema, não está reagindo de fato ao poema em si mesmo — aos elementos estilísticos — mas à maneira como ele nos faz sentir. Desse ponto de vista, podemos perceber como noções de beleza podem diferir de uma cultura, de um lugar ou de um indivíduo para outro. O que a tribo Wolof na África ocidental acha atraente é muito diferente dos padrões usados para escolher a Miss Califórnia. E mesmo nesse caso, nem todo mundo na Califórnia vai concordar com a decisão dos jurados.

Para mim, beleza está ligada ao desejo. Quando vejo alguma coisa bela, quero possuí-la, seja um par de sapatos ou um rapaz bonito.

A beleza atrai; o desejo de possuir é uma reação natural. Mas será que isso sempre leva à felicidade? E se você não puder ter o objeto desejado, ou só conseguí-lo depois de algum tempo, a emoção passa? É como uma bela fragrância — depois de quinze ou vinte segundos, você não consegue cheirá-la mais. Aprenda a apreciar a beleza no momento, sem ter de possuí-la, e você provavelmente será mais feliz afinal.

Mas existem algumas coisas belas de que nunca nos cansamos, que continuam a nos dar prazer, certo?

> ## "Ainda que viajemos pelo mundo inteiro à procura do belo, devemos carregá-lo conosco ou não o encontraremos."
>
> RALPH WALDO EMERSON (1803-1882)

A natureza é provavelmente o melhor exemplo de beleza que não desfalece. Ela está sempre se renovando. Você já ouviu alguém dizer: "Estou cansado do pôr-do-sol?" Cada noite é diferente. As rosas morrem, mas a roseira continua florindo. A grande arte compartilha dessa mesma capacidade de nos comover constantemente — se estivermos abertos para descobri-la cada vez que a revisitamos. Ela aciona uma nova percepção? Desperta um sentimento diverso? Você aprende algo novo sobre o artista, ou o meio, ou a técnica? A obra de arte enaltece você? O objeto continua sendo o mesmo, mas a sua percepção está sempre mudando.

Poetas e dramaturgos escrevem incessantemente sobre a beleza, mas parecem não concordar sobre se ela é efêmera ou duradoura: "A beleza é eterna"; "A beleza é fugaz"; "A beleza é imortal"; "A beleza se deteriora". O que eles não discordam é do seu valor, resumido num poema de Ralph Waldo Emerson: "Se os olhos foram feitos para ver, / Então a beleza é a sua própria justificativa para ser."

"Beleza é verdade, verdade é beleza", escreveu admiravelmente o poeta John Keats. A moda é um artifício intencional, um dedo no olho do *status quo*. Mas a verdadeira beleza é honesta; ela tem integridade. A moda causa choque. A beleza causa respeito e admiração.

O que a moda tem de errado? Usar roupas bonitas me deixa feliz.

A questão é: são as roupas o que você acha realmente bonito, ou o que a indústria da moda lhe informa ser atraente nesta estação? Para algumas pessoas, vestir-se é uma forma de arte. Mas quando as roupas não passam de "diversões banais" — para tomar emprestada a expressão de Aristóteles — é provável que o seu efeito seja efêmero. Os estilos mudam. Para os gregos antigos, beleza — e felicidade — eram questões morais. Entretenimento não traz felicidade, advertia Aristóteles. É o "nobremente belo" que nos leva a fazer escolhas virtuosas.

"Escolhas virtuosas" não parece ter muita graça. Como elas nos fazem felizes?

É uma questão de perspectiva. O escritor John O'Donohue, um padre católico irlandês, assinala que o modo *como* vemos determina *o que* vemos — o que, por sua vez, afeta a nossa felicidade. Você descobre a beleza em muitos lugares, ou apenas em alguns? Algumas pessoas passam batido por um mendigo sem percebê-lo; outras vêem o mendigo, acham "feio" e desviam os olhos; outras ainda vêem alguém belo — um ser humano lutando para tirar o melhor partido da vida. Madre Teresa era conhecida por enxergar além da doença, da deformidade e da absoluta degradação dos indigentes que ela assistia nas ruas de Calcutá, e por ver cada pessoa como o filho de Deus. "O olho virtuoso é capaz de vislumbrar beleza em qualquer lugar", O'Donohue escreve em *Beauty: The Invisible Embrace*. "Quando embelezamos o nosso olhar, a graça da beleza escondida se torna nossa alegria e nosso santuário."

É essa a função da beleza — atrair a nossa compaixão, fazer-nos aspirar ser pessoas melhores?

Essa é uma possibilidade. Beleza, no reino do espírito, não significa superfícies bonitas e formas agradáveis: significa experimentar uma força transcendente — mesmo a morte. John O'Donohue diz que ajudar alguém a morrer é o presente mais belo que podemos oferecer. E eu me pergunto se o maior presente não é para aqueles que ficam para trás e prestam testemunho. Morrer é o maior mistério, o nosso medo mais profundo, a passagem que todos os seres, sem exceção, devem fazer. Ficar no limiar enquanto alguém desliza pela porta é vislumbrar a beleza em meio ao pesar.

Alguns dias antes de o meu pai morrer, ele entrou em coma. Então, uma manhã, ele de repente sentou-se ereto na cama, fitou longamente a distância e, com um olhar extasiado no rosto, declarou:

"É tão belo!"

antes de recostar-se no travesseiro. Dois dias depois, ele morreu. Eu tive, porém, a nítida sensação de que ele já se fora rumo a alguma beleza sobrenatural que acenara do além.

Quer dizer que a beleza pode nos trazer consolo quando estamos sofrendo?

Em tempos de desafio, guarde alguma coisa bela no seu coração, sugeriu o filósofo francês Pascal. Essa prescrição simples, mas profunda, tem sustentado inúmeras pessoas aprisionadas de uma maneira ou de outra através dos séculos. Escondida no sótão de sua casa na cidade de Amsterdã, devastada pela guerra, Anne Frank escreveu: "Pense em toda a beleza... em tudo o que o cerca e seja feliz." É uma idéia que poderia nos servir em qualquer época.

A ciência já descobriu que os sentimentos positivos e negativos residem em diferentes partes do cérebro. Felicidade não é apenas alívio do sofrimento, mas algo que podemos cultivar. Em vez de procurar encobrir maus sentimentos ou tristeza, podemos administrar a nós mesmos doses de beleza para dar início ao processo de cura. Seja uma imagem, uma fragrância ou um som, a beleza está codificada na nossa memória sensorial. Podemos carregá-la como um talismã — como um lembrete da radiação que enche o coração humano.

Diálogo **12**: *Amor*

FAÇA-O DURAR
COMO TER UM RELACIONAMENTO FELIZ

Amar alguém verdadeiramente é uma das maiores alegrias da vida. Para uma felicidade contínua, nada se compara a um relacionamento que estimule, enriqueça e eleve.

Nele, perscrutamos o mistério do amor, desde a vibração do desejo até as recompensas de uma parceria duradoura.

A intimidade impõe desafios também: nós descobrimos o verdadeiro significado da dúvida.

Amor é uma coisa, comprometimento é outra. Qual o segredo para fazer com que um relacionamento funcione por muito tempo?

Até certo ponto, todo mundo tem escrúpulos com relação à intimidade e ao comprometimento. Este é o paradoxo do amor: ansiamos por um relacionamento que nos consuma por inteiro, em corpo, mente e alma; depois, quando o encontramos, o que nos preocupa é que vamos ficar íntimos *demais* e acabar nos perdendo. Criar um elo forte e duradouro que permita que as duas pessoas floresçam é um processo delicado. A primeira coisa a lembrar é: *Não tenha pressa*. A intimidade não pode ser precipitada.

Eu acredito que o que você está dizendo é verdade. Mas, se eu estou tendo dúvidas, não deveria estar até mesmo considerando um comprometimento mais profundo?

A maioria das pessoas considera a dúvida como um sinal de que o relacionamento não está funcionando. Mas numa relação que ainda está se desenvolvendo, a dúvida muitas vezes sinaliza exatamente o contrário — que você já foi mais fundo e está se sentindo vulnerável. Naturalmente, surge o medo quando descobrimos uma outra camada mais íntima do eu. Cada véu que deixamos cair nos leva para mais perto não só da pessoa que amamos, como também do nosso próprio cerne essencial. Enquanto não estivermos à vontade com esse nível mais profundo de intimidade, podemos continuar a levantar uma barreira de defesa contra o medo. A dúvida, ou a ambivalência, é uma forma que o medo pode tomar; a raiva e o ciúme são outras. Se não tivermos consciência do que está por trás desses sentimentos, provavelmente vamos supor que o problema seja a relação ou o parceiro, e que a única solução seja cair fora.

Tudo bem, eu entendo que a dúvida possa ser um sinal positivo de que o relacionamento está se aprofundando. Mesmo assim, como posso saber se o amor é duradouro? Talvez ele não passe de paixão e atração sexual.

Romance é uma coisa, desejo sexual é outra e a ânsia de morar junto é uma outra coisa ainda. Todos esses são estágios do amor. É claro que os sentimentos diferem em cada estágio. Eles são acionados por diferentes partes do cérebro, cada um produzindo uma química diversa, de acordo com a antropóloga Helen Fisher. Cada estágio tem um papel distinto no processo de união temporária. Atração sexual e romance são o que nos une e nos mantém interessados enquanto caminhamos para um comprometimento íntimo.

Todos nós chegamos a uma relação com expectativas, e sequer temos consciência de algumas delas. Freqüentemente, essas expectativas só vêm à tona quando o brilho do romance começa a enfraquecer. De repente, a pessoa por quem você se apaixonou desaparece. Você se vê diante de uma escolha. Você pode alegar "diferenças incompatíveis" e separar-se; muitos casos de amor terminam nesse ponto. Ou os parceiros podem decidir pôr suas diferenças (e desapontamento) em perspectiva e ver o que podem aprender um do outro. A intimidade é um grande mestre. O ser amado é um espelho cujo reflexo nos devolve continuamente aquilo que não conseguimos — ou não queremos — ver: a nossa bondade e compaixão, a nossa mesquinhez e ganância, a verdade daquilo que realmente queremos. Se você for capaz de ver as peculiaridades e as falhas do seu parceiro como pequenas partes de um quadro maior, você terá uma base para construir um relacionamento que traga felicidade duradoura.

Logo, você está dizendo que eu devo ignorar aquilo de que não gosto no meu parceiro?
Todos nós sabemos que isso não funciona. Os sentimentos afloram. Você não consegue controlá-los, mas pode escolher qual vai ser a sua reação. Digamos que você e o seu parceiro estão decorando sua primeira casa com uma combinação dos móveis da sua antiga residência. O problema é que você não suporta o gosto dele. Mas quer que o lugar fique confortável para os dois, de modo que você está muito motivada a encontrar uma solução. Ele concorda em se desfazer de alguns objetos pessoais, enquanto você pensa nos meios de incorporar o restante num esquema harmonioso.

Criar uma relação harmoniosa é um processo semelhante. Do mesmo modo que você não gosta de todas as lâmpadas e cadeiras do seu parceiro, é provável que não goste de todos os componentes da "mobília" *interior* dele — suas crenças e hábitos. No entanto, se você fizer da relação a sua prioridade, as diferenças entre vocês começarão a parecer mais superficiais e menos ameaçadoras. Talvez você até encontre espaço para um ou dois troféus de pesca.

Um outro modo de lidar com a "alteridade" do seu parceiro é recompô-la sob uma luz positiva. Imagine que o seu parceiro é um presente primorosamente embrulhado que acabou de lhe ser dado. Expectante, você rasga o papel, abre a caixa e descobre que ela está repleta de caixas menores. Algumas das caixas contêm artigos valiosos; outras, quinquilharias. Você não gosta de todos os presentes igualmente, mas o pacote como um todo é tão original, tão fascinante que um ou dois artigos que você não aprecia pouco importam. Se você consegue imaginar o seu parceiro como um presente precioso, você não ficará desapontado se ele não corresponder a todas as suas expectativas.

Mas todo mundo não tem expectativas? E alguém que gostasse de mim de verdade não iria querer satisfazer as minhas necessidades, assim como eu gostaria de satisfazer as dele?

Se acharmos que o objetivo de um relacionamento é satisfazer nossas necessidades de sexo, companheirismo, segurança e família, então corresponder às nossas expectativas será a chave. No amor, o cérebro secreta substâncias químicas que nos fazem sentir felizes, mais extrovertidos, mais produtivos. Mas a pesquisa demonstra que ganhar um videogame ou comer chocolate também estimula os centros de recompensa do cérebro. Algo mais que um surto de bem-estar por ter satisfeito nossas necessidades está envolvido no amor que perdura.

Algumas tradições espirituais afirmam que o amor é o caminho da transcendência e da união com Deus. Do mesmo modo que o amor rompe as barreiras entre você e o seu parceiro, ele dissolve o seu sentimento de separação do divino. Muitas escolas de filosofia do Oriente ensinam que tudo, todo lugar é divino; todo caso de amor é, pois, uma forma de veneração, de oração. Rumi, o poeta sufi do século XIII, escreveu poemas de devoção a Deus, mas ele podia apenas estar igualmente se dirigindo a um parceiro aqui na Terra:

> *"Oh, meu Amado!*
> *Tome-me,*
> *Liberte a minha alma,*
> *Preencha-me com o seu amor..."*

Esses versos são belos, mas meu "amado" é muito mundano. Eu só sou capaz de imaginar a reação se eu dissesse que nosso relacionamento era um caminho para Deus. Você tem alguma sugestão prática que nos aproxime?

Tudo o que discutimos é prático, quer se trate de desenvolver a autoconsciência, especialmente quanto às suas expectativas, quer se trate de concentrar a atenção naquilo que é precioso no seu parceiro. Acima de tudo, seja paciente. Não desistam um do outro ou da relação cedo demais.

Atualmente, metade dos casamentos acaba em divórcio. Mas estudos mostram que o casamento continua a ser a maior fonte de felicidade para a maior parte das pessoas. Nós nos divorciamos porque é possível. Há menos necessidade de continuar juntos e verificar se os problemas podem ser resolvidos com o tempo. Porém, os casais que optam por ficar juntos, em vez de se separar, muitas vezes têm uma agradável surpresa ao descobrir que surge um relacionamento mais profundo, mais duradouro.

Obviamente, não se deve permanecer numa relação que seja física ou emocionalmente abusiva, ou desprovida de amor ou carinho. No entanto, o extremo oposto — abandonar a relação cedo demais — priva você de uma excelente oportunidade para superar padrões de comportamento derrotista, para desenvolver força interior e para aprender o verdadeiro significado do amor.

"O verdadeiro significado do amor"? Explique.

Muitos de nós se agarram a uma visão romântica do amor. Nós esperamos que a paixão do namoro dure para sempre. Nós nos esquecemos de que o amor não é algo que *temos* ou *sentimos*, mas algo que *fazemos*. Ao assumirmos um compromisso "para o bem ou para o mal" com uma pessoa, estamos concordando em participar ativamente da formação de uma parceria carinhosa e solidária — e não em fugir sempre que estamos impacientes e entediados.

Pergunte a qualquer casal há muito tempo juntos, se alguma vez eles já tiveram dúvidas. Se eles forem honestos, falarão a você sobre as vezes em que quase se separaram — ou se separaram — e de milhares de outras vezes em que se sentiram zangados, magoados, ou cheios de arrependimento. No entanto, eles também lhe dirão o que lhes deu forças em tempos difíceis: o sexo, talvez, ou férias separadas; a fé, ou os filhos; um senso de humor, ou um alicerce de confiança e respeito. O verdadeiro amor inclui todas essas coisas.

NÃO EXISTE NENHUMA FÓRMULA PARA ENCONTRAR FELICIDADE OU AMOR QUE DUREM. CADA PESSOA, CADA CASAL DEVE CHEGAR AO SEU PRÓPRIO CÁLCULO.

Diálogo **13**: *Riso*

O PODER DO HUMOR
COMO VIVER COM ALEGRIA

Os seres humanos e os macacos são os únicos animais com capacidade para rir. Por que desperdiçar um dom tão precioso? Uma boa risada nos torna mais saudáveis, mais felizes, mais produtivos, mais relaxados. Compartilhar o riso cria amizades e favorece a boa vontade. Em tempos incertos, o riso é a graça que nos redime.

As pessoas me dizem para não levar a vida tão a sério. Mas parece que não há muita razão para sorrir nos dias de hoje. Como posso relaxar?

Você está certo, o mundo é uma bagunça. Às vezes, nossa vida também o é. Mas viver preocupado e infeliz não vai remediar a situação. Se não aprendermos a ver a vida como uma comédia divina, não vamos encontrar nada a não ser tragédia para onde quer que nos voltemos. Existem problemas que precisam ser enfrentados por cada indivíduo e pela coletividade. Mas, para sermos realmente eficazes, temos de distinguir entre o que podemos e o que não podemos mudar. Um senso de humor ajuda a relativizar as coisas.

Lembro que eu ria muito quando era mais jovem. O que aconteceu?

As crianças riem, em média, até 300 vezes por dia, os adultos apenas 17. Obviamente, um dos fatores é a idade. A maioria das crianças não tem as preocupações nem as responsabilidades que nós temos. Ademais, somos mais seletivos com relação àquilo que achamos divertido. Mas é claro que não é só você que tem essa preocupação. Existem hoje tantas provas científicas dos benefícios físicos e emocionais do humor, que se formou toda uma indústria em torno disso. Pode-se ter atualmente terapia do riso, yoga do riso, clubes do riso, instrutores do riso — existe até um programa de "treinamento para embaixadores do riso" e diversas associações médicas e científicas de estudos e pesquisas sobre o riso. Escreva "riso" no seu programa de busca e você vai entender o que estou dizendo.

Eu dou risada quando estou feliz. Mas quando não estou, muito pouca coisa me diverte.
É verdade, pessoas felizes riem mais. Porém, o princípio por trás da terapia do riso é que rir abre caminho para a felicidade e a saúde. O ato físico de rir pode, na verdade, levantar o seu humor. De acordo com William James, um dos pioneiros da psicologia, nós não rimos porque estamos felizes, nós estamos felizes porque nós rimos. Vinte minutos exercitando o riso pela manhã podem fortalecer a saúde do seu corpo e o seu humor para o dia.

"Exercitar o riso"? Você deve estar brincando. Como é que posso rir do nada? E mesmo que eu pudesse, como é que isso melhoraria a minha saúde e o meu humor?
Robert Provine, um pioneiro na pesquisa do riso, compartilha do seu ceticismo. Ele afirma que o riso evoluiu como um sinal social, não como "uma ginástica do corpo e da alma". Mas nós nos distanciamos muito dos nossos primos macacos. Muito embora a geletologia — o estudo científico do riso — ainda seja um campo de estudos muito incipiente, isso não significa que devemos rejeitar todas as descobertas. Você sempre poderá confrontá-las com a sua própria experiência.

"A verdadeira religião é a transformação da ansiedade em riso."

ALAN WATTS (1915-1973)

Para iniciantes, rir é um bom alívio do *stress*: o riso pode dissolver a irritação e a raiva. Ele também acalma a ansiedade. Rir relaxa os nossos músculos — daí a expressão "mole de tanto de rir" — e pode diminuir a pressão sangüínea, além de bloquear hormônios da tensão, como cortisol e adrenalina, que causam desgaste no organismo. Uma das alegações mais importantes em favor do riso é que ele estimula o sistema imunológico a produzir células que combatem doenças e tumores. Isso por si só faz com que valha a pena cultivar um senso de humor.

O riso também provoca a liberação de endorfinas — opiatos naturais do cérebro — que nos fazem sentir bem e reduzem a sensação de dor. Os praticantes de "yoga do riso" alegam que, a exemplo de certas *asanas* — posições da yoga —, o riso massageia os órgãos internos do corpo. Rir é também um bom exercício aeróbico.

> ALGUÉM CALCULOU QUE SE VOCÊ DESSE BOAS GARGALHADAS DURANTE UMA HORA, QUEIMARIA MAIS CALORIAS DO QUE FAZENDO UMA HORA DE CAMINHADA.

Rir é uma cirurgia plástica natural: cada vez que você ri, você está tonificando 15 músculos faciais. E a boa nova no campo do trabalho é que está demonstrado que pessoas que riem muito são mais criativas e produtivas, sem falar que são mais felizes do que seus colegas.

Tudo bem, já entendi. Então, quais são esses exercícios do riso que devo fazer?

Conviver com pessoas engraçadas já é um bom começo. Você pode também assistir a comédias ou programas humorísticos na TV. O interesse clínico no riso e na cura originou-se, em grande parte, do uso que Norman Cousins fez da comédia para ajudar a reverter os efeitos da espondilite ancilosante, uma grave doença degenerativa. Cousins era um famoso editor de revista quando recebeu esse prognóstico terrível. Com a autorização do seu médico, ele deu baixa no hospital e se mudou para um hotel, onde assistia às fitas dos filmes dos irmãos Marx e o programa de TV *Candid Camera*. "Dez minutos de boas gargalhadas... me davam pelo menos duas horas de sono livre de dor", ele escreveu. Depois que Cousins publicou um artigo sobre a sua experiência no prestigiado *New England Journal of Medicine*, houve um crescente interesse pelo poder de cura pelo riso. Cousins disse, mais tarde, que ele achava que qualquer emoção positiva, não só o riso, podia ajudar na cura. Não obstante, ter um senso de humor com relação à vida continua a ser uma das vias mais diretas para a felicidade.

Se você não gostar de comédia, pode passar 20 minutos por dia praticando o riso. Inspire lenta e profundamente algumas vezes e, em seguida, expire, fazendo o som *ha-ha-ha* (ou *he-he-he* ou *ho-ho-ho*, se for esse o som natural de sua risada). Continue repetindo até que os músculos do seu diafragma se contraiam ritmicamente e se rompa a reação automática ao riso. Depois você se solta e começa a rir. Se ficar entediado, faça caretas. Abra os olhos e escancare a boca, pondo a língua para fora; no yoga, essa posição é conhecida como a postura do Leão.

Se você tiver a impressão de que não consegue dar boas risadas sozinho, considere a possibilidade de participar (ou formar) um clube do riso. Alguns grupos têm sites na internet que incluem exercícios de riso e instruções sobre como encontrar um grupo. Os grupos de riso baseiam-se na idéia de que rimos mais com os outros do que quando estamos sozinhos. Essa noção se encaixa na teoria de Provine de que o riso é um sinal de sociabilidade — um gesto auditivo para alguém que está ouvindo.

Eu gosto de rir socialmente. Mesmo quando leio algo hilariante, raramente dou sonoras gargalhadas. Eu sinto mais prazer em compartilhar o riso com amigos.

O riso nos une, sem dúvida. As pessoas que fazem esse tipo de medição dizem que apenas em 20% das vezes o nosso riso é reação a uma piada. Na maior parte das vezes, estamos trocando episódios ou histórias engraçadas, ou rindo de alguma coisa que está ocorrendo no nosso meio imediato.

Rir é mais do que aliviar a tensão. É um importante recurso de diplomacia interpessoal — e inclusive internacional. Quando usado estrategicamente, o riso desarma. Um riso compartilhado pode desfazer uma situação tensa, interromper um diálogo irado e nos tornar mais conciliadores. Não foi o apresentador Victor Borge que chamou um sorriso de "a distância mais curta entre duas pessoas"?

Mas, às vezes, o riso é cruel, não é?

É verdade, o riso pode ser uma maneira de se mostrar superior. Sarcasmo e humor mordaz são formas agressivas disso. Dorothy Parker e a Távola Redonda dos Algonquianos usaram sua inteligência com um efeito devastador. O riso terapêutico, contudo, é um elemento de inclusão, não de exclusão.

Uma boa parte do humor depende da incongruência e da surpresa. Alguma coisa acontece e a resposta não é o que esperávamos — ela não é uma conseqüência lógica —, por isso rimos. Muitas tradições espirituais usam o humor deste tipo para despertar os discípulos. Os mestres zen são particularmente peritos em humor que obriga você a sair da mente e entrar no coração. Esta é também a intenção do bobo da corte e do tolo santo. O bufão representa o palhaço, mas é o único membro da corte que tem permissão de contar a verdade ao rei. O tolo santo é um outro "simplório" cuja mensagem é, de fato, profunda. Os sufis usam histórias hilariantes educativas sobre o astuto tolo Nasrudin para espicaçar a presunção da mente condicionada.

Então, o riso pode ser espiritualmente transformador?

Talvez seja esse o seu papel mais importante. O humor rompe o nosso modo de pensar estreito, auto-obsessivo, abrindo caminho para uma visão mais esclarecida, mais ampla.

Diálogo **14**: *Sucesso*

FAÇA COMO QUISER
COMO SER UM REALIZADOR FELIZ

Costuma-se dizer que o sucesso é ter o que se quer; felicidade é querer o que se tem. Nem sempre temos o que queremos, mas isso significa que temos de nos contentar com menos? Aqui, nós aprendemos a ser felizes e bem-sucedidos. O segredo consiste em definir o sucesso nos seus próprios termos.

Eu estabeleço objetivos, batalho muito e os concretizo. Para muitas pessoas, eu sou um sucesso. Mas tudo o que eu realizo nunca parece ser o bastante. O que é preciso para me sentir satisfeito?

Existem várias questões aqui. Vamos começar com o sentimento de que tudo o que você realiza não é suficiente. A pergunta é: o que é "o bastante"? E que padrões você está usando para medir o seu grau de satisfação?

Na nossa cultura o sucesso parece significar ter um bom emprego, dinheiro, poder, fama e uma família carinhosa. A minha vida é muito boa, mas quando eu olho em torno, vejo pessoas que têm muito mais.

O que você está dizendo me faz lembrar daquela velha piada: *Quando eu acho que atingi o objetivo, eles o mudam.* Esquecemos que *nós* somos os únicos que continuam a mudar o objetivo, não a cultura ou as outras pessoas — não alguma força externa que está fora do nosso controle. Se somos vítimas de alguma coisa, é da nossa própria tendência mental de fixarmos determinadas condições que, a nosso ver, nos farão felizes e, depois, segui-las. Quando temos sucesso, está tudo bem por um tempo. Conseguimos o emprego, a casa, o carro, o parceiro, o investimento, uma boa posição social e nos sentimos bem. Logo, porém, as coisas começam a perder a graça. O trabalho não oferece mais desafios, o chefe é um tirano, a casa e o carro são pequenos demais e não temos dinheiro suficiente para sustentar o estilo de vida que merecemos. O que antes era "bastante" agora já não é suficiente. Queremos mais.

Uma explicação para esse impulso por "mais" é um fenômeno chamado adaptação. O cérebro tem uma tendência inata a acostumar-se com os estímulos, de modo que, depois de algum tempo, já não reagimos a eles. O que antes nos excitava torna-se o "novo padrão normal" e deixa de nos interessar. Quando não conseguimos obter a dose de felicidade daquilo que costumava nos fazer sentir bem, procuramos por alguma outra coisa ao nosso redor.

Você faz com que o desejo de ser bem-sucedido pareça um vício.

E, para algumas pessoas, é. O sucesso vira uma espécie de vício quando paramos de nos concentrar *no que* estamos buscando e começamos a nos preocupar com o estado de euforia que alcançamos com ele. Todavia, a exemplo de qualquer "barato", esse tipo de sucesso é apenas temporário. Para sentir a descarga de adrenalina, temos de descobrir constantemente uma nova aspiração e realizá-la, obter constantemente uma outra salva de palmas. Perseguir o sucesso se transforma num círculo vicioso. Nunca estamos satisfeitos.

Essa insatisfação crônica, correr atrás da novidade seguinte, é aquilo a que Buda chamou *dukkha*. Todos nós a vivenciamos num grau ou noutro; é a condição do desejo humano. Existe, porém, uma maneira de romper com o círculo vicioso do desejo e da insatisfação. A prática da vigília constante — observar nossa tendência possessiva à medida que ela surgir, sem influir sobre ela — é um método. Quase todas as tradições espirituais oferecem algum modo de ajuda.

Você está dizendo que para ser feliz, eu tenho de esquecer o sucesso?

A questão não é esquecer o sucesso, mas examinar com cuidado como você o define. O que quer que digamos a nós mesmos a respeito do que consiste o sucesso, fama e fortuna estão no topo da lista da maior parte das pessoas. Talvez seja uma surpresa para você saber que em quase todos os dicionários, a primeira definição de sucesso não faz nenhuma referência a fama ou fortuna. Sucesso é simplesmente "um resultado favorável" — a realização de algo testado ou planejado.

Tudo bem. Sendo assim, eu defino sucesso em termos de dinheiro e reconhecimento. Mas por que é que eu não devo desejar ter coisas bonitas?

Não existe nada de errado em desejar ter reconhecimento ou coisas bonitas. Mas a sua pergunta foi como ser bem-sucedido e feliz ao mesmo tempo. O que estou sugerindo é que, enquanto você vincular sucesso a coisas externas — ganhar muito dinheiro, ter brinquedos caros, manter uma certa aparência — a sua felicidade estará sempre à mercê de forças fora do seu controle, quer sejam as flutuações do mercado de ações, quer sejam as mudanças da moda ou o humor do seu chefe.

No entanto, se você encarar o sucesso como um trabalho interior, você será capaz de alcançar um tipo de sucesso que é a sua própria recompensa: a autoestima que vem de saber que você pode estabelecer metas e cumpri-las. Você pode obter riquezas e reconhecimento ao mesmo tempo, mas a sua felicidade não vai depender disso.

> *"A nossa maior glória não está em nunca levarmos uma queda, mas em nos levantarmos toda vez que cairmos."*
>
> CONFÚCIO (C. 551-479 A.C.)

O que você quer dizer com "sucesso como um trabalho interior"?

Em outras palavras, sucesso baseado nos seus próprios valores, não nos valores da sociedade. Que atividades ou realizações lhe dão orgulho, mesmo que ninguém as esteja observando? Elas não precisam ser monumentais para ninguém a não ser para você. Num recente artigo de revista que pedia que mulheres identificassem o maior sucesso de suas vidas, as respostas variaram entre deixar de fumar e formar-se em medicina aos 48 anos. Uma amiga minha, que não tem muita habilidade mecânica, considera um triunfo sempre que ela faz algum pequeno reparo em casa. Para qualquer outra pessoa, substituir a resistência de um chuveiro seria uma insignificância, mas, quando ela consegue fazê-lo, ela se acha o máximo.

Cada um de nós tem a sua própria medida de sucesso. Sempre haverá um punhado de grandes realizadores que não têm nenhuma dificuldade para escrever um *best-seller* ou se classificar para as Olimpíadas. Mas o restante de nós, se olharmos bem, poderá descobrir que a nossa vida está repleta de momentos de vitória: correr uma maratona, ater-se a uma dieta, aprender a dirigir um carro ou a jogar golfe, pintar um quadro ou a cozinha, comemorar um aniversário, ou terminar uma relação sem culpa ou rancor. Tanto a princesa Diana como Jacqueline Kennedy Onassis consideravam criar filhos felizes o auge do sucesso. O executivo bilionário e filantropo Ted Turner — um homem de diversos empreendimentos — tem a mesma opinião. "Não há como você ser uma pessoa bem-sucedida na vida se os seus filhos também não forem bem-sucedidos", disse ele a um entrevistador de TV. Para Bessie A. Stanley, vencedora de um concurso de ensaios em 1904, sucesso era "saber que mesmo um único ser vivo pôde respirar aliviado pelo fato de você existir". Talvez as suas maiores realizações não façam parte do noticiário noturno, mas elas lhe darão algo muito mais duradouro — respeito próprio.

Você está sugerindo que, se eu quiser ser feliz, devo contar minhas bênçãos?

Essa é uma maneira de dizer isso. Você poderia fazer uma lista de agradecimentos — as coisas que estão dando certo na sua vida, as coisas que estão mudando para melhor. Todas essas coisas são sucessos. Ou você poderia examinar com atenção as áreas da sua vida em que você está investindo mais e verificar se elas estão lhe dando alguma compensação *interior*. "O sucesso torna a vida mais fácil. Ele não torna mais fácil a existência", afirmou o músico de *rock* Bruce Springsteen. Penso que ele queria dizer é que, por mais rico ou famoso que você seja, você continua tendo que lidar com seus sentimentos e reações.

Às vezes eu acho que eu tinha mais sucesso quando eu era mais jovem.

Muitas pessoas pensam assim: "Eu era tão bem-sucedido no curso primário. O que aconteceu?" Não foi o sucesso em si que mudou: foram as nossas expectativas. Quando éramos jovens, obtínhamos reconhecimento por coisas como boas notas, popularidade e proezas nas competições de atletismo. Mais tarde, à medida que a vida foi ficando mais cheia de nuances e complicada, nossas exigências também aumentaram. Podemos ter diferentes padrões de sucesso para diferentes âmbitos: trabalho, criatividade, amor, saúde, aptidão física, empreendimentos beneficentes. E há momentos na vida de todo mundo em que o sucesso se resume a algo básico: sobreviver a uma enfermidade, superar um revés, aprender com um erro.

Na verdade, nenhuma realização é modesta demais para ser uma fonte de felicidade. O filósofo estóico Marco Aurélio disse isso de um modo muito melhor:

> **"FIQUE SATISFEITO COM O SUCESSO MESMO NAS MÍNIMAS QUESTÕES, E PENSE QUE MESMO ESSE RESULTADO NÃO É NENHUMA INSIGNIFICÂNCIA."**

Diálogo **15**: *Fé*

RECORRA À FONTE

COMO USAR A FORÇA SAGRADA

A fé transcende religião ou credo. É uma força ao alcance de todos, independentemente de crenças. Pense nela como uma linha aberta, ligada 24 horas, todos os dias da semana, à força sagrada. Ela nos orienta na direção certa e para amigos verdadeiros ao longo do caminho. Uma fé inabalável traz felicidade. Nós nos sentimos à vontade na vida e em contato com o todo.

Li que pessoas de muita fé levam uma vida mais feliz. Mas nos dias de hoje, as crenças parecem ser uma outra justificativa para o conflito. Como pode a fé ser uma chave para a felicidade quando existe tanta intolerância no mundo?

Precisamos fazer uma distinção entre fé e crença. Para citar o falecido Alan Watts, escritor e estudioso do Zen: "A crença é a insistência em que a verdade é o que se gostaria que ela fosse. A fé é uma abertura sem restrições da mente para a verdade, o que quer que ela possa vir a ser." Crença diz respeito a doutrina e dogma: todas as religiões e seitas têm posições próprias com relação ao que é verdadeiro. As crenças definem as diferenças entre nós, razão por que elas criam tantas divisões. A fé, por outro lado, é comum a todos os seres humanos, sem levar em consideração as crenças. O estudioso de religião comparada Raimon Pannikar chama a fé de "um ato antropológico primordial". Toda pessoa tem fé em alguma coisa, ligada ou não à religião.

> "Fé é crer naquilo que não vemos; a recompensa da fé está em ver aquilo em que cremos."
>
> SANTO AGOSTINHO (354-430 D.C.)

No entanto, quando as pessoas dizem "minha fé", não estão em geral se referindo às suas crenças — sua religião ou prática espiritual?

Existe uma relação entre fé e crença. Conforme Fenton Johnson, um ex-sacerdote tanto da Igreja católica como da tradição budista, explicou numa entrevista: "nossas crenças... nos proporcionam um hábitat no qual e pelo qual podemos sustentar e desenvolver a nossa fé". A religião organizada não é o único hábitat de nossas crenças, ou o único veículo para aperfeiçoar a nossa fé. Cerca de 90% dos norte-americanos dizem acreditar em Deus ou em alguma força espiritual, mas menos da metade assistem às cerimônias de culto regulares. Pessoas cujas crenças e práticas não se encaixam nas formas tradicionais costumam descrever a si mesmas como "espirituais, mas não religiosas".

Sejam quais forem os deuses e as deusas aos quais oramos, sejam quais forem os princípios absolutos em que meditamos, para entender realmente a fé temos de passar do sectarismo para o nível da fonte. O físico-teólogo Ian Barbour afirma que fé "significa a confiança suprema de um homem, seu comprometimento mais básico, aquilo em que ele aposta a sua vida, a causa final pela qual ele justifica todos os seus outros valores. A questão religiosa trata exatamente do objeto de devoção de uma pessoa; ela indaga ao que ou a quem uma pessoa presta fidelidade absoluta". No seu livro *Faith*, Sharon Salzberg, mestre budista, observa que no páli, a língua falada pelo Buda, fé, confiança e certeza são todas traduções para a palavra *saddha* — que significa, literalmente, "pôr o coração em". A fé não é algo que temos, diz ela, mas uma ação que fazemos. Quando agimos com fé, saltamos para dentro do desconhecido com confiança.

Confiança em quê? Isso tem mais semelhança com a proverbial "fé cega".

A fé só é cega se você decidir não ver — não verificar a verdade por si mesma. É fácil ficarmos ofuscados quando descobrimos um mestre ou um ensinamento espiritual que parece conter a chave. Os budistas chamam isso de "fé radiante". Ela nos inspira a fazer a jornada espiritual, conforme assinala Salzberg, mas pode se tornar fé cega se aceitarmos tudo pela sua aparência.

Mas não é toda a questão da fé que aceitemos o invisível e o que não se pode provar sem questionar?

E veja onde isso levou a Igreja católica nos anos recentes. Salzberg diz que a dúvida é parte essencial da fé. Você precisa refletir com cuidado em que é que você coloca a sua fé e, depois, testar os ensinamentos para ter certeza de que eles são importantes para a sua vida. Ainda que você conserve as mesmas crenças há anos, vale a pena pô-las à prova de vez em quando. Se você desenvolver a confiança naquilo que Salzberg chama de "a sua mais profunda experiência", nem a complacência nem mensagens carismáticas seduzirão você a desviar-se do caminho.

E o que me impede de ser desencaminhado pela minha própria experiência?

Qualquer pessoa pode se iludir. É por isso que é bom examinar quaisquer "mensagens" ou revelações divinas com um conselheiro espiritual, ou submetê-las ao teste do tempo. Por outro lado, nós estamos tão condicionados a pensar que só os nossos líderes espirituais têm uma comunicação direta com a sabedoria perene, que nem percebemos que a nossa própria experiência imediata é a melhor defesa contra o auto-engano. Lembra-se da história "As Novas Roupas do Imperador"? Só o garotinho admitia que o imperador estava nu. Imagine se esse menino tivesse duvidado dos seus próprios olhos! A mesma coisa acontece com os assuntos espirituais. Uma vez que você tenha examinado as coisas por si mesma, você já não está mais no reino da crença. Você *sabe* o que é verdadeiro para você.

Alguns anos atrás, eu fui de carro para um retiro zen-budista com um alto executivo de uma companhia farmacêutica. Um dos outros passageiros perguntou-lhe por que ele praticava zazen, uma forma de meditação rigorosa que visa à experiência direta do despertar espiritual. "Eu não estou interessado em crer em Deus", ele respondeu. "Eu quero ver Deus."

Ao nos ligar com a nossa própria experiência, a fé nos aponta para aquilo que é real. Não só em termos espirituais, senão também em todas as esferas da vida.

Eu ainda não entendo como ter uma grande fé nos torna mais felizes.

Para começar, ela nos dá sentido, segurança e um sentimento de inclusão. Passe um domingo numa igreja do Harlem — costuma ser uma atividade que dura o dia inteiro, com uma lauta refeição caseira após a cerimônia — e você não pode deixar de notar a força espiritual da comunidade. "Religião" vem do latim *religare*, 'religar'. A fé nos liga não só a nós mesmos e aos nossos aliados espirituais, mas à vasta rede da existência. Nela, todos são bem-vindos ao banquete, sem distinções étnicas, políticas ou religiosas.

Diálogo 15 / RECORRA À FONTE | 131

Não se é um pouco idealista, considerando-se a atual situação do mundo?

Idealista ou otimista? Fé tem a ver com confiança nos nossos melhores instintos, e com a esperança de que vamos fazer escolhas mais sensatas no futuro. A ciência tem comprovado o que há muito suspeitávamos: as pessoas otimistas são mais felizes, as pessimistas, mais realistas. Cultivar, porém, uma perspectiva otimista não é nenhuma forma insana de negação. Isso pode ajudar a nos salvar. A fé nos dá a força para tentar resolver os problemas e corrigir os aspectos sombrios — negados ou reprimidos — do eu e da sociedade que, como crianças mal-amadas, brigam e causam estragos. Nós precisamos desenvolver inteligência espiritual.

O que é inteligência espiritual?

Aquilo de que estamos falando — a perspectiva que põe valores intemporais acima do esforço egoísta. Pessoas espiritualmente inteligentes têm uma visão mais panorâmica, de longo alcance. Elas abordam a vida com humildade.

Parece bom, mas será prático? Como pode a fé me ajudar na roda-viva em que vivemos?

A fé é infinitamente prática. O psicólogo Mihaly Csikszentmihalyi diz em *Good Business*: "A esta altura, bons negócios dependem, em grande medida, dos mesmos valores que são a base das principais tradições religiosas." Isso não quer dizer dominação religiosa do local de trabalho — e sim dar alma a essas instituições que absorvem grande parte da vida cotidiana. Substituir a ética da competição feroz por valores como decência, generosidade, integridade, responsabilidade e respeito mudaria o modo de funcionamento dos negócios e nos transformaria em funcionários mais felizes, mais saudáveis e mais motivados.

> *"A prece que vem do coração é a origem de todo o bem, e renova o coração como se ele fosse um jardim."*
>
> SÃO GREGÓRIO DE SINAI (FALECIDO EM 1360)

A conselheira pastoral Sharon Parks define fé como "a contínua trama do tecido da vida — dar forma, ordem, estrutura, coesão e sustentação a elementos díspares da experiência". Isso não lhe assegura uma promoção nem garante um lugar para seus filhos na universidade, mas pode levar você a ver sentido na sua vida. A revista *O*, de Oprah Winfrey, publicou uma história sobre uma ordem de freiras que haviam sido todas profissionais bem-sucedidas antes da ordenação. Agora elas se sustentam com a venda de queijo feito do leite das vacas que criam. Se preparado com amor, o queijo "falará", contou a madre superiora à escritora Sara Davidson. "Tudo o que produzimos fala quando sai daqui. Essa é uma maneira de os contemplativos falarem com o mundo."

Tudo o que *você* faz também fala. A fé põe as palavras na sua boca. A questão é: Você sabe o que a sua vida está *realmente* dizendo?

Diálogo **16**: *Serenidade*

MANTENHA A PAZ
COMO ENCONTRAR A SERENIDADE E O SILÊNCIO NO SEU ÍNTIMO

A vida atual é tão febril, com tantas informações chegando até nós, que o nosso maior desafio consiste em manter a serenidade interior. Às vezes, o que é preciso para ser feliz é diminuir o ritmo de vida e escutar a voz da verdade no íntimo. Aí nós encontramos o que T. S. Elliot chama de "o ponto imóvel do mundo em rotação".

Minha vizinha é totalmente impassível. Ela parece deslizar como um cisne pela superfície da vida enquanto eu estou remando freneticamente só para me manter à tona. Invejo a sua calma. Qual é o segredo desse tipo de tranqüilidade?

Algumas pessoas são especialistas em manter uma aparência exterior serena, a despeito do seu estado interior. Elas são como esses atores cujas atuações fáceis escondem horas de preparação. Gostamos de estar perto de pessoas como a sua vizinha, porque elas guardam a ansiedade para si mesmas. Elas não nos fazem exigências emocionais, e a tranqüilidade que projetam é muito calmante. Para cultivar essa qualidade em si mesmo, você vai precisar desenvolver a sua própria estratégia de manter o equilíbrio interior. Você e a sua vizinha podem ter temperamentos muito diferentes. Seguir o seu próprio caminho, em vez de imitar o dela, trará a você, no final das contas, mais contentamento.

Meu assim chamado caminho é bastante desconexo. Esqueça a meditação: eu não tenho tempo nem disciplina para praticá-la regularmente. Então fico zangada comigo mesma por ter tão pouca força de vontade. Como é que posso algum dia encontrar a serenidade se nem sequer consigo manter uma simples prática de concentração?

Uau. Escute só o que você está dizendo e todo esse seu autojulgamento.

> **O PRIMEIRO PASSO EM DIREÇÃO À SERENIDADE É TRATAR A SI MESMO COM COMPREENSÃO E COMPAIXÃO.**

Faça de conta que você é a sua melhor amiga. O que você diria a ela?

Para começar, eu confessaria que eu, na verdade, não sirvo para meditar. Para mim, a maneira mais eficaz de esfriar a cabeça e me concentrar é me movimentar — fazer yoga, tai chi, jogar tênis, dançar. Algo como os 5 RitmosTM de Gabrielle Roth — dança que induz a um transe de êxtase — é perfeito: Eu sou vidrada em música, danço até suar e me libertar do stress *— tudo de uma só vez.*

Está vendo? Você não é indisciplinada nem tem pouca força de vontade. É necessário comprometimento para fazer os exercícios que você mencionou. Tome cuidado para não fazer um julgamento de si mesma com base em algum padrão imaginário – isso só vai aumentar o seu *stress*. Para cada pessoa que acha a meditação um bálsamo, existe outra que acredita mais no efeito de tocar piano ou ir ao cinema.

Estou sempre ouvindo dizer que deve haver um equilíbrio entre o trabalho e a vida. Seja lá o que isso queira dizer, eu acho que não tenho esse equilíbrio. Adoro o que faço, mas me sinto culpada quando leio artigos de revistas que dizem que devo gastar um determinado número de horas por dia com amigos e a família, um determinado tempo "comigo mesma", e coisas do gênero. Isso é alguma outra coisa com que devo me preocupar?

Todo guru de auto-ajuda parece oferecer "regras" sobre como levar uma vida equilibrada. Mas, em última análise, cada um de nós precisa escrever a sua própria receita. Quando minha irmã dirigia um pensionato, ela tinha um hóspede que passava oito meses do ano trabalhando no oleoduto do Alaska e o restante do tempo no sótão da pensão, escrevendo romances. Essa não é certamente uma definição convencional de uma vida equilibrada, mas ela funcionava para ele. Viver voltado só para o trabalho é hoje um lugar-comum. O equilíbrio para você significa apenas assegurar que você coma direito, durma o bastante e tenha alguns macetes para se dessestressar durante o dia, que não precisam ser complicados. Os meus favoritos incluem me enfiar numa igreja ou num museu de arte durante o intervalo para o almoço, ou bater papo com uma amiga.

A pior ameaça à minha serenidade é a sobrecarga de informações — todos aqueles e-mails, sem falar no lixo eletrônico que recebo e nos telefonemas para venda de serviços financeiros e compra de imóveis. Como posso ficar calma em meio a todo esse "rumor"?
Felizmente, existem meios de estancar esse fluxo de lixo eletrônico e de telefonemas; você pode pesquisá-los on-line. Muitas pessoas que eu conheço pararam de ler jornais e estão reduzindo o uso de outras mídias domésticas. Reduzir o fluxo de informações certamente ajudará a tornar a sua vida mais tranqüila, mas eu detestaria ver você eliminar novas fontes por completo. Hoje, mais do que nunca, precisamos ser cidadãos inteligentes e bem-informados. E o problema não é realmente o que está acontecendo lá fora. Não podemos diminuir o volume do mundo — nem mesmo o de nossos vizinhos, na maioria das vezes. Temos de chegar a um acordo com o nosso meio imediato no nível interior. O caminho para a serenidade nos leva de volta a nós mesmos — e não a um conflito com a verdade da nossa vida.

Então, a serenidade vem com a auto-aceitação?

Tentar ser o que não somos ou ter um estilo de vida que não conseguimos manter nos impede de estar em paz com nós mesmos. Às vezes, a serenidade é algo tão simples como se sentir à vontade na própria pele.

A Força do Sim e do Não

Dizer sim ao que nos alimenta emocional e espiritualmente é essencial para a paz e o bem-estar interior. Dizer não ao que drena a nossa energia ou nos tira do centro é uma condição indispensável ao equilíbrio interior. Faça a sua lista de "sim" e de "não". Afixe-a onde você possa vê-la facilmente — junto ao telefone, talvez — e atualize-a freqüentemente. Ela lhe servirá de lembrete instantâneo sempre que você estiver tentado a desviar-se do seu comprometimento com a serenidade.

Diálogo **17**: *Saúde*

CURA INTEGRAL DA PESSOA
COMO A FELICIDADE INFLUENCIA O BEM-ESTAR E VICE-VERSA

As pessoas felizes são mais saudáveis? As pessoas saudáveis são mais felizes? A relação entre saúde e bem-estar está bem determinada. Mas como funciona esse elo? E como podemos fortalecê-lo? Uma variedade de estratégias, desde a nutrição e a boa forma física até uma atitude positiva e a capacidade de perdoar — pode nos ajudar na cura.

A temporada das gripes está chegando, e eu estou um pouco nervosa. No ano passado, fiquei doente e tive a impressão de que não recuperaria a saúde. Minha disposição caiu verticalmente, e quanto mais deprimida eu me sentia, mais se agravavam os meus sintomas físicos. Este ano eu quero manter uma atitude saudável para não adoecer. Alguma sugestão de como ficar bem e manter o otimismo?

O que parece ser uma pergunta simples é, na verdade, bastante complicado. Você obviamente está ciente da ligação entre atitude e saúde física. E já descobriu que a doença afeta o seu sentimento de felicidade. Então, não deverá causar-lhe nenhuma surpresa saber que a saúde é um dos fatores que as pessoas mencionam com mais freqüência quando alguém lhes pergunta o que mais influencia a sua felicidade. Os pesquisadores não sabem se a boa saúde torna as pessoas mais felizes ou se estar feliz as torna mais saudáveis. Seja como for, a felicidade parece ter um poder terapêutico. Uma sensação de controle sobre as forças que causam impacto sobre a sua vida é um outro fator de influência na felicidade e na saúde, de modo que vamos começar a responder a sua pergunta determinando o que, do seu ponto de vista, está mais diretamente sob o seu controle — a felicidade ou a saúde física.

Eu quase ia dizendo "minha felicidade", pois constantemente ouço dizer que a felicidade é um estado interior. Percebo, porém, que existem também muitas coisas que eu poderia fazer para melhorar a minha saúde. Eu acho que devo considerar a saúde em primeiro lugar.

Você tem algum problema premente de saúde — alguma enfermidade ou aflição? Pode ser alguma coisa relacionada com o estilo de vida, como controlar o peso ou fazer uma dieta equilibrada. Pode ser uma condição que tenha efeito sobre os principais sistemas do organismo — digamos, alta pressão sangüínea ou colesterol alto. Ou talvez você tenha alguma enfermidade crônica que afete a sua sensação de bem-estar, como, por exemplo, herpes ou síndrome de fadiga crônica.

A SAÚDE, COMO VOCÊ SABE, É UMA CONDIÇÃO INTEGRAL DO INDIVÍDUO. UM COLAPSO NO SISTEMA PODE SE EXPRESSAR NA FORMA DE UM OU OUTRO SINTOMA, MAS OS SINTOMAS NÃO SÃO A DOENÇA.

Quando nós não estamos nos sentindo bem — particularmente se experimentamos algum tipo de mal-estar vago e generalizado — precisamos investigar um pouco e verificar se estamos sob muita pressão. O *stress* contribui para quase toda doença que você possa imaginar.

Venho lendo alguns livros sobre as causas metafísicas de várias enfermidades. Um deles diz, por exemplo, que a psoríase está ligada à insegurança emocional e a esclerose múltipla, a uma mentalidade rígida. Você acha útil esse tipo de análise?

Fico contente que você tenha dito "útil" e não "preciso". Alguma coisa diferente de um diagnóstico de um profissional qualificado da área de saúde que alegue conhecer a "causa" de uma doença me deixaria com um pé atrás. A causalidade é complexa e até agora a medicina não encontrou muitos elos entre atitudes ou emoções específicas e condições ou doenças específicas. Eu questiono a capacidade de médicos metafísicos de fazer diagnósticos. Essas "interpretações" apenas podem ajudar você a ter uma outra perspectiva a respeito da sua condição. Pessoas que estão muito sintonizadas com o próprio corpo costumam fazer um autodiagnóstico com uma precisão surpreendente. E, às vezes, pessoas altamente intuitivas detectam a nossa percepção inconsciente e confirmam informações que não sabíamos que sabíamos.

Um dos motivos de eu me sentir melhor nas mãos de profissionais de saúde alternativa ou complementar é que eu não me sinto tão impotente. Os terapeutas holísticos não conversam comigo com arrogância — ao contrário de muitos médicos que tenho visto — e parecem considerar o tratamento como uma parceria que só funciona se trabalharmos juntos.

Assumir um papel ativo no nosso tratamento agiliza e torna mais eficaz o processo de cura. O sistema médico — especialmente os cuidados médicos gerenciados — parece roubar a nossa dignidade e o nosso poder. Na maioria das vezes, a equipe médica nos trata como se fôssemos incapazes de tomar qualquer decisão a respeito do nosso tratamento de saúde. Felizmente, o treinamento médico está começando a enfatizar a importância das boas relações entre médico e paciente, e um número crescente de médicos está encorajando seus pacientes a ser pró-ativos e bem informados. Um grande passo para se sentir feliz e íntegro consiste em retomar o controle sobre o seu tratamento de saúde.

Sou muito boa com relação a receber os cuidados adequados quando estou doente ou machucada. Mas não sou tão boa com relação a um tratamento preventivo. Qual é o primeiro passo?

Na sua opinião, qual é o seu ponto mais vulnerável? Se a sua dieta não é saudável, talvez você precise consultar um nutricionista para descobrir um programa de alimentação que leve em conta suas preferências alimentares, bem como o seu metabolismo. A medicina ayurvédica é interessante nesse aspecto, já que ela examina a nutrição dentro do contexto do seu sistema integral — seu *dosha*, ou tipo corporal e psíquico. Talvez a sua dieta esteja correta, mas você não esteja fazendo exercícios o suficiente. Também nesse caso, uma abordagem holística poderá ser útil, no sentido de ajustar os exercícios aos seus outros objetivos de boa forma física e encontrar atividades que você possa praticar. Todas as boas intenções no mundo não valem nada se você não concretizá-las. Você pode detestar aeróbica de baixo impacto e decidir abandoná-la depois de algumas sessões, mas descobrir que gosta tanto de hidromassagem que acaba por se inscrever para uma aula extra toda semana.

NÃO SEI POR QUE NÃO ENTENDEMOS QUE "IR ATRÁS DA FELICIDADE" SE APLICA À SAÚDE E À BOA FORMA FÍSICA, TANTO QUANTO AO TRABALHO, À CRIATIVIDADE E AO CAMINHO ESPIRITUAL. EXERCITAR-SE VIGOROSAMENTE

POR APENAS DEZ MINUTOS ELEVA OS NÍVEIS DE ENDORFINA POR UMA HORA. ESSE É UM FÁCIL ESTÍMULO PARA SE SENTIR FELIZ.

Mas, quando não estou me sentindo bem, não tenho vontade de escolher nem fazer nenhuma das atividades saudáveis que eu deveria fazer. E então?

Se você está se sentindo um pouco deprimida, vença a sua resistência; mesmo exercícios moderados têm um efeito duradouro sobre o seu ânimo. Se você está superestressada ou sofrendo com uma doença ou dor crônica, pense em algo como Redução do *Stress* pelo Estado de Atenção. Essa prática, que se baseia na meditação consciente e no relaxamento, tem impressionantes fundamentos científicos e é excelente para reduzir o desânimo e melhorar o seu estado de humor. Muitas pessoas ocupadas chegam ao extremo oposto de ignorar a doença a ponto de pôr em risco a sua recuperação. Mais uma vez, nunca é demais enfatizar a importância de prestar atenção ao seu corpo. Aprenda o seu vocabulário sutil. Você ficará surpresa com o que os sintomas lhe revelarão sobre as suas necessidades físicas e emocionais. É nesse ponto que as equivalências metafísicas podem ser úteis: se você está com torcicolo sem nenhuma razão aparente, pergunte a si mesma "o que significa essa dor no meu pescoço neste exato momento?" Talvez algo esteja incomodando você — uma pessoa no trabalho, um projeto ao qual você está resistindo. O sintoma é um meio de acesso à sua psique profunda — às suas esperanças e medos, aos seus desejos e preocupações. A solução pode ser uma coisa tão simples como perdoar. Libertar-se do ressentimento e perdoar os outros é um dos caminhos mais eficazes de que dispomos para a saúde e a felicidade.

"Quem tem saúde tem esperança,
e quem tem esperança tem tudo."
PROVÉRBIO ÁRABE

Diálogo **18**: *Natureza*

AS MARAVILHAS DA NATUREZA
COMO OS INFINITOS MISTÉRIOS DA TERRA ENCANTAM

O que há em contemplar as estrelas ou observar animais de estimação brincando que nos dá uma felicidade suprema? Algumas pessoas escalam montanhas em busca do sublime; outras sentem prazer em cuidar do jardim. O mundo da natureza é, a um só tempo, infinitamente misterioso e maravilhosamente simples, fazendo-nos lembrar do nosso lugar na grande teia da vida.

Sempre que estou aborrecida, instintivamente vou para fora de casa. Só preciso caminhar pela praia e ouvir o grito das gaivotas para sentir que tudo vai ficar bem. Por que nada mais faz com que eu me sinta tão totalmente viva e contente como a Natureza?

Provavelmente vamos encontrar todos os tipos de motivos por que reagimos à Natureza. No entanto, eu me pergunto se a afinidade que você está descrevendo não será alguma coisa mais profunda — um "retorno à casa" espiritual. A natureza nos põe em contato com o eu essencial e com Deus, afinal. A poesia sufi é repleta de imagens naturais para essa relação sagrada — o pomar, por exemplo, representa a existência terrena — e a função simbólica do jardim aparece amiúde em muitas tradições. Hoje, porém, parece que não temos muito em comum com a Natureza. Nós nos entrincheiramos atrás de uma parede de vidro para nos proteger das intempéries. Vestimos nossos cães com capas e sapatinhos de lã e os tratamos mais como crianças mimadas que como animais. Quer estejamos nos distanciando da Natureza ou a antropoformizando, ela continua sendo resolutamente "Outra". Ela segue suas próprias leis, indiferente às nossas. Podemos queimá-la, cortá-la, calcá-la até a extinção, mas de alguma forma ela renasce e vigora. Essa qualidade indômita nos infunde medo e admiração. A Natureza é completamente impassível, nós é que ficamos a projetar nossas noções românticas sobre ela.

Isso faz com que a Natureza pareça um tanto distante, medonha. Ela me apavora às vezes, e até me oprime: por exemplo, a força do vento e do mar durante um furacão ou aqueles crepúsculos em cores que vejo no horizonte é de me tirar o fôlego. Pessoalmente, porém, sinto mais prazer numa relação íntima com a Natureza.

E você não está só. Gerald Manley Hopkins escreveu um poema maravilhoso que começa assim:

"GLÓRIA A DEUS POR COISAS SALPICADAS — PELOS CÉUS DE DUAS CORES COMO UMA VACA MALHADA; PELOS TUFOS DE ROSAS EM PONTILHADO SOBRE TRUTAS QUE NADAM."

Essas palavras sempre me fazem lembrar de um velho cavalo malhado que pastava num campo perto do lugar onde cresci. Ele certamente não me inspirava temor, nem eu chamaria a nossa ligação de espiritual. Eu gostava dele só porque ele prestava atenção. Ele era um ouvinte perfeito: sem pronunciar nenhum julgamento e incapaz de dar respostas ou conselhos. A maioria de nós fala demais. As palavras dominam o nosso tempo. Como é totalmente agradável formar relacionamentos que consistem de toque e aconchego e de longos períodos de companhia silenciosa. Os animais nos oferecem isso.

Se ao menos eu pudesse ser tão aberta e confiante nas pessoas! Outro dia dei por mim contando a alguém que eu iria ficar em casa no fim de semana para passar algum "tempo de qualidade" com os meus gatos. Eles estão se sentindo abandonados, expliquei, porque tenho ficado muito tempo fora de casa. Mas como é que eu sei como eles se sentem? Eu poderia estar apenas interpretando algo no comportamento deles, pois eu gosto muito de pensar que estamos realmente nos comunicando.

É muito esquisito como os animais parecem ter uma compreensão e ser muito sensíveis. Pesquisas têm demonstrado que os animais são extremamente intuitivos, e atualmente existem especulações de que eles são capazes de entender o significado de nossas palavras, não apenas os sentimentos por trás delas. É claro que provavelmente jamais vamos saber o que pensam os animais. A Natureza é um grande mistério. Por mais segredos que descubramos a respeito dela, restam muitos mais. Isso faz parte do seu plano secreto, você não acha? Ela é a mulher velada, a amante que foge dançando. Ela me faz lembrar de Lilith, a "diaba" ferozmente independente do mito hebraico que diz ter ela sido a primeira consorte de Adão, antes de Eva. A Natureza remove com toda força o que está morto, danificado ou é supérfluo, para abrir caminho para um novo crescimento. Ao fazer isso, ela reflete "essa qualidade instintiva de Lilith de, com ardor apaixonado, reduzir as coisas à sua natureza essencial", explica a analista junguiana Barbara Black Koltuv em *The Book of Lilith.**

---

* *O Livro de Lilith*, publicado pela Editora Cultrix, São Paulo, 1989.

Então é possível que escalar montanhas, praticar pesca subaquática ou esportes radicais seja uma reação das pessoas a essa qualidade de Lilith que há na força da Natureza?

Pode ser, embora eu duvide que elas estejam pensando nesses termos. Sempre houve um traço de romantismo do "nobre selvagem" embutido na nossa relação com o mundo natural. Gostamos de testar o nosso valor, de usar o deserto como uma espécie de pedra-pomes para esfregar o nosso deserto interior. Quem mora nos centros urbanos costuma receber uma carga especial de energia quando volta de um encontro com a natureza. Não há nada que se compare à emoção de observar o ritual comum de acasalamento característico de certos pássaros. Um espetáculo como esse nos faz sentir que somos capazes de superar o abismo que nos separa da ardilosa Outra.

"Uma forte nevada desaparece no mar. Que silêncio!"
PROVÉRBIO POPULAR ZEN

Como podem pessoas que amam sinceramente a Natureza ir caçar ou pescar?

Existe uma grande diferença entre matar por esporte e selecionar — matar um determinado número de animais para preservar o equilíbrio ecológico de uma região — ou abater animais como alimento. É possível argumentar que, quando se mata com plena consciência, há algum respeito pela Natureza nesse ato — ao menos uma compreensão de que Ela não é nossa serva, mas sim co-igual na vasta teia da vida. Infelizmente, não conheci muitos caçadores que pensam dessa maneira. A maioria está firmemente decidida a mostrar à Natureza quem é que manda. É essa recusa em ver a nós mesmos como inseparáveis da Natureza, ou no mínimo como parceiros dela, que os ambientalistas responsabilizam pela pilhagem dos recursos naturais. Por razões complexas, os habitantes de regiões pobres ou em desenvolvimento são, por vezes, obrigados a utilizar os recursos naturais de modo não sustentado. Sociedades ricas como a nossa têm o privilégio, no entanto, de escolher a maneira de se relacionar com a Natureza — e, com freqüência, não escolhemos com sabedoria. Qualquer um que queira realmente ver animais bem de perto em ambientes silvestres pode adotar a prática de observar pássaros ou "seguir a trilha" — seguir as pegadas de animais para observá-los sem ser visto.

E quanto ao aspecto de fertilidade da Mãe Natureza? Sempre que eu vejo plantações de trigo ou o gado pastando, eu me lembro da fecundidade da Natureza. É espantoso pensar que a Terra produz toda essa abundância para que a desfrutemos. Bem, talvez não só para nós, embora sejamos os principais beneficiários.

Você tem razão, a abundância da Natureza não é toda para nós. Nós nem estávamos aqui durante os primeiros cerca de 100 milhões de anos de sua glória. E agora estamos compensando o tempo perdido, despojando-a ao máximo de sua generosidade. Somos como marinheiros embriagados em licença para ir à terra firme, exigindo que os nossos vizinhos nos entreguem à força os seus recursos, como se tivéssemos que consumir o máximo possível antes que o nosso navio zarpe de novo.

Com relação ao aspecto mais suave da Natureza, mesmo pessoas que vivem em centros urbanos e nunca viram uma maçã na árvore ou ouviram o uivo de um coiote cuidam de suas plantas e animais caseiros com muito carinho e afeto. Por certo existem extremos. Atualmente há um site na internet que supostamente organiza encontros amorosos entre cães, mas, como você pode adivinhar, trata-se, na verdade, de um serviço de encontros não para os cães, mas para os seus donos.

Contudo, de algum modo a Natureza é uma fonte quase universal de felicidade e contentamento. Roger Scruton, um filósofo britânico contemporâneo, sugere que dificilmente pode haver uma existência mais abençoada sobre a Terra que uma vaca leiteira na sua pastagem luxuriante. Há milênios, paisagens têm proporcionado inspiração e prazer. Talvez ninguém tenha celebrado a capacidade luminosa da Natureza tão completamente quanto os chineses. Panoramas que vêm sendo destruídos desde a industrialização já deram origem a luminosas pinturas ornamentais que refletem as verdades perenes do *Tao Te King*:

O TAO DÁ VIDA A TODAS AS COISAS.
O TE DÁ A ELAS REALIZAÇÃO.
A NATUREZA É O QUE LHES DÁ FORMA.
A VIDA É O QUE LHES TRAZ A PERFEIÇÃO.

Diálogo **19**: *Memória*

LEMBRANÇAS VITAIS
COMO CRIAR LEMBRANÇAS FELIZES DE AGORA EM DIANTE

Você vive lembrando os velhos e bons tempos? Gosta de chafurdar em "possibilidades remotas"? A memória é escorregadia. Ora ela nos diz o que queremos ouvir, ora o que precisamos (mas não queremos) saber. Para ter boas recordações no futuro, viva na plenitude do presente. Assim, seja lá como for que as coisas aconteçam, você se lembrará de que fez o melhor que pôde.

Ainda me lembro daquela famosa canção de Edith Piaf, "Je ne regrette rien". Meu pai dizia a mesma coisa — embora, na minha opinião, ele tivesse muito do que se arrepender. Eu quero lembrar o passado com sinceridade. Como posso ter a garantia de que algum dia vou poder dizer, "Não me arrependo de nada"?

A resposta mais curta é: certifique-se de que você está realmente vivendo agora. Estritamente falando, a vida é apenas memória. Com exceção do que está acontecendo neste instante, só conhecemos nossas experiências por recordação. O que pensamos, dizemos e fazemos se tornam as lembranças que compõem a nossa contínua história de vida. Essa é a história que contamos a nós mesmos e aos outros — repleta de fatos, supomos, mas com alguma ficção inevitável. Acho que o seu pai não estava querendo dizer que ele era feliz com tudo o que fizera. Nenhuma vida é isenta de dor, perda e frustração. Desconfio que, ao contrário, assim como Piaf, ele havia ceado com apetite o banquete da vida e estava satisfeito por ter provado todas as iguarias. Se você estiver alerta para as possibilidades de cada situação, ainda que você fracasse totalmente, não ficará com o gosto amargo do arrependimento. Tenha a mente aberta, arrisque-se e amplie seus horizontes, e você terá mais do que suficientes lembranças felizes para festejar na velhice. É disso que todas essas listas das "dez coisas para fazer antes de morrer" tratam — não ter arrependimentos.

Espere um minuto. Você está querendo dizer que nossas lembranças incluem inevitavelmente ficção? Eu achava que todo o sentido da memória consistia em nos fazer lembrar do que realmente aconteceu.

Oscar Wilde chamava a memória "o diário que todos nós carregamos conosco". É a faculdade que nos possibilita recordar os acontecimentos. O que recordamos não é o diário, mas os registros nele — as lembranças. Nós temos essa noção de que as recordações válidas são fixas e imutáveis, e que lembrar significa apenas rememorar os fatos. Na realidade, a memória é escorregadia — extremamente subjetiva e sugestionável. Nossas lembranças mudam à medida que mudamos e começamos a enxergar facetas do passado sob uma luz diferente.

Isso me deixa um pouco apreensiva. Se as lembranças não são firmes, como posso reconhecer o que é real? Como é que eu sei que não estou apenas inventando o meu passado — reescrevendo-o como me for conveniente?

Nenhum de nós pode ter certeza de que nossas recordações são factuais. O cérebro registra todas as nossas experiências, mas a memória costuma recortar, reordenar e embelezar a narrativa à medida que a vai reconstruindo. Eu sempre gostei daquela fala de Lily Tomlin — "a realidade nada é senão uma percepção coletiva". A memória é assim. Certos eventos ficam impressos na psique coletiva. Nós concordamos que a Segunda Guerra Mundial foi deflagrada e que aviões seqüestrados em pleno vôo foram arremessados contra as torres gêmeas do World Trade Center e contra o complexo do Pentágono em 11 de setembro de 2001. Acontecimentos extraordinários se imprimem com mais firmeza no cérebro e são mais facilmente relembrados. Nós prestamos mais atenção quando eles ocorrem, acionando uma série de associações e emoções. Mesmo, porém, quando existe um consenso unânime de que algo ocorreu, nossas interpretações a respeito dele diferem e, muitas vezes, amplamente.

E quanto às lembranças felizes? Não é mais provável que nos recordemos dos bons tempos — um casamento, uma promoção no emprego, uma temporada de férias — que dos momentos ruins?

Esperamos que sim, e esse é o motivo por que tiramos fotos dessas ocasiões. Trinta anos depois o álbum de casamento nos trará ternas recordações daqueles momentos — a não ser, é claro, que você já tenha se divorciado. Se as lembranças são felizes ou não, isso depende não só de como você se sentia na época, como também de sua perspectiva atual. "É provável que uma autobiografia, mesmo a mais fiel, espelhe menos como era uma pessoa do que como ela passou a ser", escreveu o biógrafo Fawn Brodie. A maioria de nós prefere lembrar dos momentos felizes, mais do que dos momentos ruins, por isso procuramos esquecer ou apagar as lembranças ruins e nos apegar às boas recordações. Ironicamente, quanto mais tentamos cristalizar as nossas memórias — mesmo as que são agradáveis — menor é a probabilidade de que elas nos tragam alegria.

Isso não faz sentido. Por que motivo as lembranças felizes não iriam nos trazer alegria?

Sempre que guardamos na memória a lembrança de um acontecimento, fixamos na mente a idéia de que "foi exatamente assim que o fato aconteceu".

Conseqüentemente, nós baseamos as nossas ações nessa versão da verdade. O problema é que é praticamente impossível que qualquer lembrança represente *toda* a verdade. Quando nos apegamos a uma interpretação, excluímos quaisquer outras lembranças que possam vir à tona depois. Nosso mundo se reduz automaticamente. Digamos que uma sua colega de alojamento na universidade venha visitá-la e, ao falar sobre o passado, conte a versão dela do que aconteceu na sua festa de formatura. Você rejeita as lembranças dela completamente por não estarem de acordo com as suas, ou você aceita essa nova e mais ampla opinião?

E se eu não quiser me lembrar de tudo? Se, por exemplo, eu tivesse feito algo embaraçador ou tivesse ofendido um colega, eu preferiria que isso não fosse lembrado.

Quem foi que disse que "a felicidade nada mais é do que boa saúde e memória ruim"? Ainda assim, eu aposto que você seria mais feliz no futuro se você esclarecesse as coisas com o seu colega. A nossa honestidade e sinceridade no presente determinam a nossa felicidade no futuro. Podemos esquecer o que não desejamos lembrar, mas o corpo nunca mente. As coisas que não queremos enfrentar tendem a aparecer de algum modo, na forma de pesadelo, doença, ferimento, ansiedade, depressão ou fadiga.

Se a memória pode me causar doença, não poderá também me fazer saudável e feliz?

A memória permite que nós usemos nossas experiências passadas como guia para o nosso comportamento. Em tese, nós aprendemos com os nossos enganos.

Existem também maneiras de trabalhar intencionalmente com a memória para aumentar a felicidade. Uma delas é manter um diário da felicidade. Durante o dia, anote todas as coisas que deixam você feliz ou pelas quais você sente gratidão. Mais tarde, quando você estiver se sentindo deprimido, as anotações do seu diário vão fazer com que você se lembre de que "Oh, sim, eu sou feliz quando estou cozinhando, ou quando estou ouvindo música". Na peça *The Glass Menagerie* [À Margem da Vida], de Tennessee Williams, uma das personagens diz: "Todas as lembranças parecem acontecer pela música." Que lembranças suas são acionadas pela música? Quando eu ouço Richard Anthony cantando "*Oui, Va Plus Loin*" em francês, imediatamente sou levada de volta a Casablanca, degustando vinho com o meu primeiro grande amor. Pelo amor de Deus, não toque música que faça você recordar de momentos tristes a menos que esteja querendo chorar muito. Mas, por favor, ponha para tocar *Aida* se a Marcha Triunfal faz você recordar daquelas férias em Roma quando você assistiu à produção da ópera nas termas de Caracalla, com elefantes ao vivo e tudo o mais.

> "A memória é o único paraíso de onde
> não somos expulsos."
>
> JEAN PAUL RICHTER (1763-1825)

Quando estou estressado, não consigo me lembrar de nada. Eu perco compromissos, esqueço onde pus minhas coisas.

Um dos primeiros passos para recuperar a memória consiste em aquietar a taga-relice da mente. A meditação ajuda, ou práticas como Chi Kung e o yoga, asso-ciadas com técnicas de respiração para acalmar e centralizar você. O exercício aeróbico envia sangue rico em oxigênio para o cérebro. E uma vez que a memó-ria também reage ao exercício mental, qualquer coisa desde fazer palavras cru-zadas diariamente como aprender uma nova habilidade vai ajudar. Pessoas com vidas plenas e ricas têm muito mais oportunidades de conservar lembranças felizes. Viajar proporciona novidade e um pronto suprimento de recordações.

Minha irmã e eu discutimos freqüentemente sobre o que aconteceu em nossa infância. Temos recordações completamente diferentes de alguns acontecimentos. Como podemos saber quem está certa?

Como vimos, valores absolutos como certo e errado não se aplicam à memória. Duas pessoas que vivenciam o mesmo acontecimento recordarão diferentes aspectos dele. É isso o que torna tão confuso o testemunho visual. Você e a sua irmã filtraram acontecimentos da infância por meio de seus pensamentos e emoções na época, de modo que é bastante natural que suas recordações difi-ram. Muito mais importante do que os acontecimentos reais são as emoções que eles acionaram. Se alguma coisa nos fez felizes no passado, é a felicidade que queremos recriar, não o acontecimento em si.

Diálogo 19 / LEMBRANÇAS VITAIS | 163

Vamos ver se entendo o que você está dizendo. Se eu fui realmente feliz numa viagem a Paris, eu não teria de voltar realmente lá para sentir essa felicidade de novo?

O seu corpo tem uma memória sensória da estadia em Paris. Se você se conectar com ela, você será capaz de experimentar novamente a experiência. É essa a razão por que os brindes materiais são tão úteis. Talvez você tenha comprado uma reprodução em miniatura da torre Eiffel em Paris, e agora toda vez que você olha para ela, ela lhe reaviva a lembrança de que você adora essa cidade e a faz sentir-se bem. Você não precisa revisitar Paris para reviver a felicidade que sentiu lá. Como observou um amigo meu: "Felicidade é um sentimento, não um acúmulo de experiências."

Diálogo **20**: *Escolha*

OPÇÕES FAVORÁVEIS
COMO TOMAR DECISÕES SÁBIAS

A vida é uma escolha após outra. A favor ou contra.

Isto ou aquilo. Quando há opções demais, nós nos sentimos

oprimidos. Quando elas são poucas, nós nos queixamos.

Mas, sejam quais forem as circunstâncias em que nos

encontramos, sempre podemos escolher ter satisfação.

A felicidade não é algo que simplesmente nos acontece.

É uma decisão que tomamos.

Recentemente, alguns amigos do exterior me visitaram e ficaram impressionados com a quantidade de opções que encontraram nas lojas e restaurantes e nos espetáculos e eventos culturais. "Você tem sorte de ter tantas opções", eles me disseram. Entretanto, eu acabara de passar uma frustrante meia hora diante de um mostruário de cartões telefônicos, tentando descobrir qual dentre os 40 e tantos cartões poderia servir às minhas necessidades. Por fim, desisti e saí do estabelecimento de mãos vazias. Será que eu sou a única pessoa que se sente frustrada diante de tantas escolhas?

Penso que muitos de nós nos sentimos oprimidos. O sociólogo Barry Schwartz chama isso de "sobrecarga de opções". Uma simples caminhada pelos corredores de uma loja de porte médio especializada em comidas e bebidas é suficiente para fazer você sentir que já comeu uma refeição com cinco entradas. A habilidade de escolher como vivemos e o que compramos é uma liberdade básica que apreciamos. E eu ouso dizer que a maioria de nós acolhe bem as opções — até um certo ponto. Depois disso, porém, como acontece com os cartões telefônicos, mais opções apenas dificultam a tomada de decisão. Um produto se torna praticamente indistinguível do outro, de modo que ou voltamos ao que é familiar, ou desistimos e não tomamos nenhuma decisão.

Então, por que nossos amigos acham que nós temos muita sorte? Será que eles não percebem como pode ser frustrante ter um excesso de opções?

Ter menos opções parece ser o paraíso para nós — porque isso reduziria o tempo gasto nas compras, liberando-nos para cuidar de assuntos mais importantes. Mas, para pessoas que têm muito pouco, a falta de escolha pode dificultar-lhes a vida. Muitas vezes elas são obrigadas a passar um tempo excessivo apenas na aquisição de gêneros de primeira necessidade. Nós deparamos com tantas decisões em tantos níveis que é difícil para nós imaginar como seria viver num ambiente sobre o qual tivéssemos pouco controle.

> UMA COISA SOBRE OPÇÕES LIMITADAS: EXISTEM MENOS EXPECTATIVAS. SE VOCÊ NÃO SABE DA EXISTÊNCIA DE ALGUMA COISA, VOCÊ NÃO SE DÁ AO TRABALHO DE PROCURAR POR ELA.

Nesse aspecto, é provável que pessoas com menos opções sejam mais felizes do que aquelas que sabem que dispõem de um número ilimitado de opções, mas não dispõem de recursos para procurar nenhuma delas. O anseio não leva à felicidade.

Isso me faz pensar no que representa para mim o ato de fazer compras. A maioria das pessoas, quando precisa de alguma coisa, entra numa loja, verifica as ofertas, escolhe uma, paga por ela e vai embora. Caso encerrado. Eu? Eu percorro toda a cidade comparando modelos e preços e, quando chego em casa, estou exausto. Metade do tempo fico me perguntando se o que comprei valeu mesmo a pena. Não existe um meio menos estressante de escolher?

Barry Schwartz chama de "satisfeitores" esse tipo de pessoas que não dão muita importância às compras. Uma vez que encontram algo "suficientemente bom" que corresponda aos seus padrões, pronto. Elas não perdem tempo avaliando o que já aconteceu. Você se parece mais com o tipo "maximizador", segundo Schwartz — o perfeito consumidor que passa horas se preparando e não cessa a sua busca enquanto não tiver esgotado todas as possibilidades. A lógica diz que os maximizadores devem ser mais felizes do que os "satisfeitores", que estão dispostos a simplesmente concordar. Todavia, como Schwartz assinala em *The Paradox of Choice*, o oposto é verdadeiro. Os maximizadores ficam tão enredados em saber se perderam algo melhor, que são incapazes de desfrutar o que têm.

Ai! Eu sou assim. O que posso fazer a esse respeito?

Todos nós precisamos repensar nossas atitudes com relação à escolha. Estamos tão condicionados a acreditar que a vida envolve milhares de escolhas todos os dias, que nos sentimos impelidos a tomar decisões com respeito até a pequenas bobagens. É nisso que os modos de pensar ocidental e o oriental divergem:

> **A PRÁTICA DA ATENÇÃO DIRIA A VOCÊ QUE DIMINUÍSSE O SEU RITMO E OBSERVASSE SUA MENTE MOMENTO A MOMENTO, ENQUANTO VOCÊ DECIDE ISTO NÃO, AQUILO NÃO, ISTO NÃO, AQUILO SIM.**

Schwartz adota uma visão mais ocidental, sugerindo que aprendamos a

> **"ESCOLHER QUANDO ESCOLHER".**

Não precisamos tomar decisões sobre coisas que fazemos automaticamente, como a nossa rotina matinal de tomar banho e nos vestir. Também podemos treinar a nós mesmos para ser mais semelhantes aos "satisfeitores" — contentes com escolhas "suficientemente boas".

> ## "Desperdiçamos a vida com detalhes...
> ## Simplifiquemos, simplifiquemos."
>
> HENRY DAVID THOREAU (1817-62)

Não tenho certeza de que eu seria feliz se eu não saísse por aí para fazer a melhor escolha possível.

Mas você está vendo? Fazer esse tipo de exigências a si mesma não deixa você feliz. Então, por que não *escolher* uma maneira diferente? O mais difícil, em se tratando de escolha, é que, por definição, ela significa que não podemos ter tudo. Toda decisão implica deixar algo para trás. Nós todos conhecemos pessoas que se esforçam tanto para manter abertas suas opções, que acabam vivendo por negligência. A vida faz as escolhas por elas. Elas nem sequer se dão conta de que o motivo de tanto ressentimento com o que lhes acontece é que elas abdicaram do poder de escolha. As pessoas mais felizes que eu conheço não esperam que as circunstâncias decidam o seu destino. Elas tomam a iniciativa quando é necessário fazer uma escolha.

Mas não nos sentiríamos melhor se tivéssemos algum espaço para manobra — por exemplo, só comprarmos coisas que possamos devolver se mudarmos de idéia?

Esse é o senso comum. No entanto, se você está se educando para ser um feliz tomador de decisões, pode ser que você queira seguir este conselho de Schwartz: "Tome decisões irreversíveis."

Nem pensar! Nesse caso, eu teria um armário cheio de roupas não usadas e um casamento infeliz.

A lógica de Schwartz é que se sabemos que podemos devolver alguma coisa, vamos fazê-lo. Bloquear essa opção significaria não reclamar mais de uma decisão de compra já tomada, mas sim investir a nossa energia na convicção de que tomamos uma boa decisão. A mesma coisa se aplica ao casamento. Talvez apreciássemos mais se não tivéssemos essa válvula de escape no recesso de nossa mente. Lembre-se, não estou sugerindo que devemos abolir o divórcio, mas simplesmente que comecemos a refletir melhor se queremos ou não comprar aquele casaco de Armani.

Que negócio é esse de escolher a felicidade? Será que se trata realmente de uma questão de escolha? Não nascemos já com um nível básico de felicidade que sobe ou desce um pouco, mas que, na essência, permanece constante?

A noção de que possuímos um "nível" genético de felicidade do qual dificilmente nos desviamos já não é mais considerada toda a verdade. Existem provas bastante convincentes de que podemos reeducar o nosso cérebro e as nossas emoções num grau muito maior do que se pensava. De fato, algumas pessoas são naturalmente felizes. Mas, para a maior parte de nós, ser feliz é uma decisão. Estabelecemos uma intenção de ser feliz e, depois, a seguimos com esforço consciente, como por exemplo a de reformular uma mentalidade negativa e tornar-se mais flexível.

Então, se num dia eu me sinto infeliz, isso quer dizer que fiz algo errado?

A mudança de humor é uma realidade. Escolher ser feliz não significa ignorar ou reprimir as emoções, mas sim reconhecê-las e transformá-las. A felicidade é uma postura diante da vida. Viktor Frankl, o psiquiatra que desenvolveu a logoterapia a partir de sua experiência em campos de concentração, observou que a única coisa que os nazistas não conseguiram tirar dos prisioneiros foi "a última das liberdades humanas — escolher a própria atitude num determinado conjunto de circunstâncias". Nós já ouvimos inúmeras histórias de pessoas que são felizes apesar da adversidade. Até mesmo Abraham Lincoln — conhecido por suas depressões sombrias — afirmou:

> "A maior parte das pessoas é quase sempre
> tão feliz quanto decidir sê-lo."

Leituras Adicionais

ACKERMAN, DIANE
An Alchemy of Mind
Scribner, 2004

BECK, MARTHA
The Joy Diet
Crown, 2003

BURNS, DAVID D., MD
Feeling Good
Quill, 2000

CHÖDRÖN, PEMA
The Places That Scare You
Shambhala, 2001

CHOPRA, DEEPAK, MD
The Book of Secrets
Harmony, 2004

CSIKSZENTMIHALYI, MIHALY
Flow
Harper & Row, 1990

CUSHNIR, HOWARD RAPHAEL
Unconditional Bliss
Quest, 2000

DAS, LAMA SURYA
*Letting Go of the Person You
Used to Be*
Broadway, 2003

EKMAN, PAUL
Emotions Revealed
Henry Holt, 2003

EPITETO
*The Art of Living
A new interpretation by Sharon
Lebell*
Harper San Francisco, 1995

FOSTER, RICK E GREG HICKS
How We Choose to Be Happy
G. P. Putnam's Sons, 1999
Perigee, 2000

HOUSDEN, ROGER
Ten Poems to Change Your Life
Harmony, 2001

HIS HOLINESS THE DALAI LAMA E
HOWARD C. CUTLER, MD
The Art of Happiness
Riverhead Books, 1998

JAMISON, KAY REDFIELD
Exuberance
Alfred A. Knopf, 2004

LERNER, HARRIET
Fear and Other Uninvited Guests
Harper Collins, 2004

MACDONALD, LUCY
Learn to Be an Optimist
Duncan Baird/Chronicle Books,
2004

MARAR, ZIYAD
The Happiness Paradox
Reaktion Books, 2003

NEEDLEMAN, JACOB
Money and the Meaning of Life
Doubleday Currency, 1991

O'DONOHUE, JOHN
Beauty: The Invisible Embrace
Harper Collins, 2004

REMEM, RACHEL NAOMI, MD
My Grandfather's Blessings
Riverhead, 2000

RICARD, MATTHIEU
Plaidoyer pour le Bonheur
NiL editions, 2003

RUSSELL, BERTRAND
The Conquest of Happiness
Liveright, 1996

RYAN, M.J.
The Power of Patience
Broadway, 2003

SALZBERG, SHARON
A Heart as Wide as the World
Shambhala, 1997

SELIGMAN, MARTIN E.P., PHD
Authentic Happiness
The Free Press, 2002

THART, TWYLA
The Creative Habit
Simon & Schuster, 2003

INTRODUÇÃO

p. 9 "no ramo da felicidade" obituário de Lester Lanin, *The New York Times*, 29 de outubro de 2004.
"o sorriso de Duchenne" Paul Ekman, *Emotions Revealed*, Owl, 2004, pp. 204-06.
p. 12 "espiral ascendente" L. Frederickson, "The Value of Positive Emotions", *American Scientist*, vol. 91, julho-agosto de 2003, p. 335.
p.15 "As pessoas têm a idéia..." Alex Barrantes-Tancredi citado em *The New York Times*, Vida Educacional, 1º de agosto de 2004, p. 17.

DIÁLOGO 1: EMOÇÕES

p. 19 Paul Ekman, *Emotions Revealed*, Owl, 2004, p. 44.
p. 21 "Dê realmente atenção a eles..." *Destructive Emotions*, um diálogo científico com o Dalai Lama, narrado por Daniel Goleman, Bantam, 2003, p. 291.
p. 22 "Pessoas que..." Barbara L. Frederickson, "The Value of Positive Emotions", *American Scientist*, vol. 91, julho-agosto de 2003, p. 335.

DIÁLOGO 2: BONDADE

p. 29 Eu li a respeito de um menino... Lisa Belkin, "The Lessons of Classroom 506", *The New York Times Magazine*, Domingo, 12 de setembro de 2004.
"De um modo ou de outro eu acredito que somos chamados..." Lorna Kelly, *The Camel Knows the Way*, segunda edição, 2004, publicado por Lorna Kelly, P.O. Box 1788, Radio City Station, Nova York, NY 10101-1788.
p. 30 O Dalai Lama observa... Sua Santidade o Dalai Lama e Howard C. Cutler, MD, *The Art of Happiness*, Riverhead, 1998, p. 114.
Sharon Salzberg, *A Heart as Wide as the World*, Shambhala, 1997, p. 77.
p. 31 "Seja uma boa pessoa..." Sua Santidade o Dalai Lama e Howard C. Cutler, MD, *The Art of Happiness at Work*, Riverhead, 2003, p. 37.
p. 32 ser bondoso... *The Art of Happiness*, p. 179.

DIÁLOGO 3: INCERTEZA

p. 37 Alan Watts, *The Wisdom of Insecurity*, Vintage, 1951, pp. 59-60.
p. 38 Pema Chödrön, *The Places That Scare You*, Shambhala, 2001, p. 7.

DIÁLOGO 4: CRIATIVIDADE

p. 43 "A criatividade é um hábito..." Twyla Tharp, *The Creativity Habit*, Simon & Schuster, 2003, p. 5.
p. segue, em linhas gerais, o mesmo caminho Mihaly Csiks-

CRÉDITOS | 175

zentmihalayi, *Creativity*, Harper-Perennial, 1996, pp. 79-80.

o primeiro passo... Compare os estágios de criatividade identificados por Henri Poincaré e resumidos por V. N. Narayan in "Creativity is Your Birthright", www.lifepositive.com/Mind/arts/creativity/geniuses.asp

p. 46 criatividade como "ligar-se ao Divino..." Matthew Fox, *Creativity*, Tarcher/Putnam, 2002, p. 5

"A criatividade faz a alma se alegrar", disse o místico Meister Eckhart... citado por Matthew Fox, in *Creativity*, p. 68.

Julia Cameron, *The Artist´s Way*, Tarcher/Putnam, 1992; *Walking in This World*, Tarcher/Putnam, 2002. Conversas da autora com J. Cameron.

p. 47 "Cultive a curiosidade e o interesse..." Mihaly Csikszentmihalyi, *Creativity: Flow and the Psychology of Discovery and Invention*, HarperPerennial, 1996, p. 347.

Fundamentos gerais da criatividade: John Daido Loori, *The Zen of Creativity*, Ballantine, 2003.

DIÁLOGO 5: PROPÓSITO

p. 52 "ao meio da jornada..." Dante Alighieri, "A Divina Comédia", *The Portable Dante*, trad. de Mark Musa, Penguin, 1995, p. 3.

"A brisa do amanhecer..." Jelaluddin Rumi, *The Essential Rumi*, trad. de Coleman Barks e John Moyne, Castle Books, 1995, p. 36.

p. 54 "Um propósito coerente não é o bastante..." Bertrand Russell, *The Conquest of Happiness*, Liveright, 1996, p. 169.

p. 58 "Viva as questões" Rainer Maria Rilke, *Letters to a Young Poet*, trad. de M. D. Herter Norton, W. W. Norton, 1954, p. 35.

DIÁLOGO 6: OUTRAS PESSOAS

p. 59 "Relacione-se apenas!" E. M. Forster, *Howards End*, Vintage, 1921, p. 186.

DIÁLOGO 7: TEMPO

p. 69 "A esperança é o licor..." Samuel Richardson, *Clarissa*, vol. 3, AMS, 1990, p. 266.

p. 70 "a coisa com plumas..." Emily Dickinson, *The Oxford Book of American Verse*, F.O. Mathiessen, org., Oxford, 1950, p. 419.

p. 71 "A verdadeira generosidade com o futuro consiste em dar tudo ao presente" Albert Camus, "Beyond Nihilism", *The Rebel*, 1954.

DIÁLOGO 8: ACEITAÇÃO

p. 75 "Água turva, quando parada, se torna clara" Lao Tse, *Tao Te Ching*. Cap. 15.

p. 77 "Fatalismo é a preguiça do ser humano..." Natalie Clifford Barney, citado in George Wickes, *The Amazon of Letters*, Putnam, 1976, Cap. 10.

nos apresenta Herman Wallace *A Revolution in Kindness*, Anita Roddick Books, 2003, pp. 132-34.

DIÁLOGO 10: ABUNDÂNCIA

p. 88 Oprah Winfrey deu um Pontiac novinho Keith Naughton, "A Car Is Born", *Newsweek*, 27 de setembro de 2004, p. 40.

O sociólogo Tim Kasser descobriu *The High Price of Materialism*, MIT Press, 2002, p. 11.

p. 90 o contentamento de a maior forma de riqueza Lama Surya Das, "The Wisdom of Letting Go", *Ask the Lama*, www.beliefnet.com

"a única riqueza verdadeira" Jacob Needleman, *Money and the Meaning of Life*, Doubleday Currency, 1991, p. 212.

p. 92 pessoas que fazem trabalho voluntário Ziyad Marar, *The Happiness Paradox*, Reaktion, 2003, p. 135.

"Pode-se viver melhor..." Leaf Van Boven e Thomas D. Gilovich, "To Do or to Have? That is the Question", *Journal of Personality and Social Psychology*, dezembro de 2003, pp. 1193-202.

p. 94 "tudo o que for suficiente..." Toinette Lippe, *Nothing Left Over*, Tarcher/Penguin, 2002, p. 37.

"Quando você pára de correr atrás do que..." Lynn Twist, "A Life of Abundance", *Spirituality & Health*, abril de 2004, p. 31.

cálculo para determinar seus verdadeiros rendimentos Joe Dominguez e Vicki Robin, *Your Money or Your Life*, Penguin, 1999, pp. 59-68.

DIÁLOGO 11: BELEZA

p. 95 "a única forma do espiritual" Thomas Mann, *Death in Venice and Other Tales*, Penguin, 1998, p. 334.

p. 97 "Pessoas bonitas nem sempre são perfeitas" Zeta Graff, em entrevista a Olívia Falcon, "Tales from the Powder Room", *Tatler*, setembro de 2004.

Pense no ator Denzel Washington Geoffrey Cowley, "The Biology of Beauty", *Newsweek*, 3 de junho de 1996, p. 62.

p. 98 O poeta A. E. Housman afirmou J. O. Urmson, "What Makes a Situation Aesthetic?", *in Philosophy Looks at the Arts*, Joseph Margolis, org., Scribner, 1962, p. 21.

p. 99 "Se olhos foram feitos para ver" Ralph Waldo Emerson, "The Rhodora", *The Oxford Book of American Verse*, F. O. Matthiesen, org., Oxford Univ. Press, 1950, p. 67.

p. 100 "Beleza é verdade, verdade é beleza" John Keats, "Ode on a Grecian Urn", *The Oxford Book of English Verse*, Sir Arthur Quiller-Couch, org., Oxford Univ. Press, 1939, p. 746.

"diversões banais" *The Nichomachean Ethics in Aristotle*, trad. de Philip Wheelwright, Odyssey, 1951, p. 264.

"nobremente belo" *The Nichomachean Ethics*, p. 186.

p. 101 "Quando embelezamos o nosso olhar" John O'Donohue, *Beauty: The Invisible Embrace*, HarperCollins, 2004, p. 19.

p. 102 "Pense em toda a beleza..." Anne Frank, *Diary of a Young Girl*, Doubleday, 1991, p. 210.

DIÁLOGO 12: AMOR

p. 105 Todos esses são estágios do amor Helen Fisher, *Why We Love: The Nature and Chemistry of Romantic Love*, Henry Holt, 2004.

p. 107 "Oh, meu Amado" Jelalludin Rumi *in The Inner Treasure: An Introduction to the World's Sacred and Mystical Writing*, trad. de Jonathan Star, Tarcher/Putnam, 1999, p. 111.

DIÁLOGO 13: RISO

p. 111 As crianças riem "Science of Laughter", www.discovery-health.co.uk

"treinamento para embaixadores do riso" Dr. Ronald Schutzbach, www.hahahahaha.org.

p. 113 nós não rimos porque estamos felizes William James, "The Gospel of Relaxation", *Selected Papers on Philosophy*, Dent/Dutton, 1918.

"uma ginástica do corpo e da alma" Robert R. Provine, *Laughter: A Scientific Investigation*, Viking, 2000, p. 190.

"a verdadeira religião é..." Alan Watts, *In My Own Way: An Autobiography*, Vintage, 1973, p. 69.

p. 114 relaxa os nossos músculos... estimula o sistema imunológico Lee Berk, DrPh, *et al*, *American Journal of Medical Science*, 1989, vol. 298, pp. 390-96; *Alternative Therapies*, março de 2001, pp. 62-76; William F. Fry, Jr., *Journal of the American Medical Association*, 1992, vol. 267, nº 13, pp. 1857-858, Kathleen Doheny, "Lighten Up", http://webmd.com.

"yoga do riso" Dr. Madan Kataria, www.laughteryoga.org

p. 115 tonificando 15 músculos faciais "Science of Laughter", www.discoveryhealth.co.uk

"Dez minutos... de boas gargalhadas" Norman Cousins, *Anatomy of an Illness as Perceived by the Patient*, Norton, 1979, p. 39.

20 minutos por dia Pragito Dove, "Let's Get Serious About Laughter", www.newconnexion.net

p. 116 20% ...riso "Science of Laughter", www.discoveryhealth.co.uk

p. 117 "a distância mais curta..." obituário de Victor Borge, Reuters, 23 de dezembro de 2000.

DIÁLOGO 14: SUCESSO

p. 123 identificassem o maior sucesso de suas vidas "Your Words", *Real Simple*, setembro de 2004, p. 55.

p. 124 "...se os seus filhos também não forem bem-sucedidos" entrevista com Ted Turner, "Charlie Rose", PBS-TV, 23 de julho de 2004.

"saber que mesmo um único ser vivo..." Bessie A. Stanley, "Success", *Modern Woman*, 1905, www.chebucto.ns.ca/Philosophy/Sui-Generis/Emerson/success.htm.

"O sucesso torna a vida mais fácil" entrevista com Bruce Springsteen, agosto de 1992.

p. 125 "Fique satisfeito com o sucesso" Marco Aurélio, *Meditations*, Livro IX, 29.

DIÁLOGO 15: FÉ

p. 128 "Crença é a insistência em que a verdade..." Alan W. Watts, *The Wisdom of Insecurity*, Vintage, 1951, p. 24.

"ato antropológico primordial" Gerard Hall, "Multi-faith Dialogue in Conversation with Raimon Panikkar", Australian Association for the Study of Religions Annual Conference, julho de 2003.

p. 129 "nossas crenças" Fenton Johnson, entrevistado por Dan Mitchell, editor de internet do programa "Speaking of Faith", Minnesota Public Radio, 2003.

"significa a confiança suprema de um homem" Ian Barbour, citado in Robert E. Emmons, *The Psychology of Ultimate Concerns*, Guilford Press, 1999, p. 96.

Sharon Salzberg *Faith*, Riverhead, 2002.

p. 132 "A esta altura, bons negócios" Mihaly Csikszentmihalyi, *Good Business*, Viking, 2003, p. 210.

p. 133 "a contínua trama..." Sharon Parks, citada in *The Psychology of Ultimate Concerns*, Guilford Press, 1999, p. 114.

"Tudo o que produzimos..." Sara Davidson, "What They Did for Bliss", *O: The Oprah Magazine*, março de 2004, p. 243.

DIÁLOGO 16: SERENIDADE

p. 135 "o ponto imóvel do mundo em rotação" T. S. Eliot, "Burnt Norton", *Four Quartets*, Harcourt Brace, 1943, p. 5.

DIÁLOGO 18: NATUREZA

p. 151 "Glória a Deus por coisas salpicadas" Gerald Manley Hopkins, "Pied Beauty", *The New Oxford Book of English Verse*, Sir Arthur Quiller-Couch, org., Oxford, 1939, p. 1011.

p. 152 "esta sua qualidade instintiva de Lilith" Bárbara Black Koltuv, *The Book of Lilith*, Nicolas-Hays, 1986, p. 25.

p. 155 dificilmente pode haver uma existência mais abençoada Roger Scruton, *Animal Rights and Wrongs*, Metro, Londres, 2000, p. 100.

"O Tao dá vida a todas as coisas" *Tao Te Ching*, Cap. 51, in *The Inner Treasure*, trad. de Jonathan Star, Tarcher/Putnam, 1999, p. 35.

DIÁLOGO 19: MEMÓRIA

p. 159 "o diário que todos nós carregamos" Oscar Wilde, *The Importance of Being Earnest*, Ato II.

"nada é senão uma percepção coletiva" Jane Wagner, *The Search for Signs of Intelligent Life in the Universe*, encenada por Lily Tomlin.

p. 160 "uma autobiografia, mesmo a mais fiel, ..." Fawn M. Brodie, *No Man Knows My History*, Knopf, 1946, p. 275.

p. 162 "Todas as lembranças parecem acontecer pela música" Tennessee Williams, *The Glass Menagerie*, Cena 1.

Agradecimentos a Sandra Weinberg, CSW, pelas substanciais contribuições para o diálogo sobre a Memória.

DIÁLOGO 20: ESCOLHA
p. 166 O sociólogo Barry Schwartz chama isso B. Schwartz, *The Paradox of Choice*, HarperCollins, 2004.

p. 172 "a última das liberdades humanas" Viktor Frankl, *Man´s Search for Meaning*, Pocket, 1963, p. 104.